PädPsych

Das pädagogische Lexikon
für Schule und Studium

Von

René Gymnich

Schneider Verlag Hohengehren GmbH

Umschlagentwurf:

Wolfgang H. Ariwald, 59519 Möhnesee

Gedruckt auf umweltfreundlichem Papier (chlor- und säurefrei hergestellt).

Die Deutsche Bibliothek – CIP-Einheitsaufnahme

Gymnich, René:
PädPsych : das pädagogische Lexikon für Schule und Studium /
von René Gymnich. –
Baltmannsweiler : Schneider-Verl. Hohengehren, 1999
  ISBN 3-89676-136-6

Alle Rechte, insbesondere das Recht der Vervielfältigung sowie der Übersetzung, vorbehalten. Kein Teil des Werkes darf in irgendeiner Form (durch Fotokopie, Mikrofilm oder ein anderes Verfahren) ohne schriftliche Genehmigung des Verlages reproduziert werden.
© Schneider Verlag Hohengehren, 1999.
  Printed in Germany – Druck: Wilhelm Jungmann Göppingen

Inhaltsverzeichnis

Vorwort V

Annes pädagogische Gespräche mit ihrem Vater 1

1. Das Leben kann nur rückwärts verstanden werden … 1

2. Erziehung heißt nicht: Einen Eimer füllen 3

3. Normal sein. Möglichst glücklich 8

4. Der Rest der Welt. Eintritt frei und unvermeidlich 12

5. Ein Mensch hat zwei Motive, etwas zu tun: ein gutes und das wahre 15

6. … muß aber vorwärts gelebt werden 18

Lexikon 20

Quellenangaben 125

Stichwortverzeichnis 126

Vorwort

Liebe Leserin, lieber Leser,
wer ein Lexikon in die Hand nimmt, will vor allem zwei Dinge: zum einen prägnante, auf den Punkt gebrachte und unmittelbar verständliche Information, zum anderen eine Zusammenstellung, die den eigenen Wissensdurst befriedigt sowie die Anforderungen von Schule und Studium erfüllt. Die vorliegende Auswahl von 300 Begriffen und über 1000 Querverweisen beschränkt sich auf das, was mir nach über zwanzig Jahren Unterricht in Pädagogik bzw. Erziehungswissenschaft als notwendiger Grundstock erscheint. Ich hoffe, daß in dieser Beschränkung auch eine Stärke liegt, nämlich die, daß Du all das findest, was Du brauchst, aber nichts von dem, was Du nicht brauchst.
Vorneweg gibt es „Annes pädagogische Gespräche mit ihrem Vater", einen Text, der einen Streifzug durch einige wesentliche Bereiche der Erziehungswissenschaft darstellt und Dir hoffentlich deutlich macht, wie spannend eine Auseinandersetzung mit Deinen eigenen Lebensumständen sein kann. In diesem Text sind alle Begriffe kursiv gedruckt, die im Lexikonteil erklärt werden. Dies soll Dich einerseits einladen, durch das Nachschlagen und Verfolgen von Querverweisen das eigene Wissen zu vertiefen, andererseits soll Dir auch klar werden, wie wichtig das Verstehen dieser Begriffe ist, um Dich selbst und Deine Lebensumstände besser begreifen und beschreiben zu können.
Ein Buch, auch ein so „sachliches" wie dieses, entsteht nie, ohne daß dem Verfasser hilfreiche Geister zur Seite stehen, die ihn inspirieren und ermutigen. Mein Dank gilt in dieser Hinsicht vor allem meinen Schülerinnen und Schülern, die mir immer wieder deutlich gemacht haben, daß der Lehrerberuf ein schöner Beruf ist, er gilt der Schülerin Anne, die das Vorbild für die Anne in diesem Buch ist, und er geht an den Verband der Pädagogiklehrer und -lehrerinnen (VdP), der die Veröffentlichung dieses Lexikons tatkräftig gefördert hat.

Köln, im Januar 1999 René Gymnich

PS: *Dieses Buch ist nach den Regeln der bisherigen Rechtschreibung und Zeichensetzung verfaßt.*

Annes pädagogische Gespräche mit ihrem Vater

1. Das Leben kann nur rückwärts verstanden werden ...

Als ich meinem Vater den Zettel zeigte, den uns die Pädagogik-Lehrerin am Morgen in die Hand gedrückt hatte, grinste er breit und meinte, da hätte sich die Kollegin etwas Gutes ausgedacht. „Liebe Anne", stand da, „in wenigen Wochen wirst du dein Abitur machen, und spätestens dann mußt du beweisen, daß du uns, deine Lehrerinnen und Lehrer nicht mehr brauchst. Wie du ja weißt, ist es letztendlich das Ziel aller erzieherisch tätigen Menschen (wenn sie es denn ernst meinen mit ihrem Geschäft), sich überflüssig zu machen, irgendwann nicht mehr gebraucht zu werden.

Ich möchte nun, daß du mir zeigst, ob du das Wesentliche unseres Fachs verstanden und verinnerlicht hast, ob du Haltungen entwickelt und gefestigt hast und ob du in der Lage bist, dein Wissen und deine Standpunkte darzustellen und zu begründen. Schreibe einen Bericht mit dem Titel 'Wie ich wurde was ich bin'. Hilfen gibt es keine mehr – du verstehst ..."

Die Ratlosigkeit, die uns alle als erstes befallen hatte, nachdem die Lehrerin ohne weitere Worte verschwunden war, trug ich wohl immer noch im Gesicht, denn mein Vater meinte tröstend, daß wir bei einer Tasse Kaffee das Problem einmal näher betrachten sollten. Später, als wir in seinem Arbeitszimmer saßen, schlug er vor, da ich ja das zweifelhafte Vergnügen hätte, Tochter eines Pädagogen zu sein (wieder dieses Grinsen!), wäre es doch eine spannende Sache, mit ihm Gespräche zu diesem Thema zu führen. Die könne ich protokollieren und dann für meinen Bericht auswerten.

Ich war nicht nur erleichtert darüber, daß er mir zur Seite stehen wollte (wie so oft), ich fand die Idee auch aufregend und wollte direkt loslegen. Bald saß ich da, mit Block und Stift, wie eine Sekretärin, die auf das Diktat wartete, was meinen Vater amüsierte. Er meinte, ich solle mir doch noch einmal die Aufgabenstellung anschauen und überlegen, um welchen Gegenstand es sich dabei eigentlich handle. Es geht um mich, sagte ich, um meine *Persönlichkeit*, meinen *Charakter*, um das, was ich heute bin.

Mein Vater gab ein zustimmendes Brummen von sich, und ich konnte ihm ansehen, daß sein Kopf dem meinen einige Schritte voraus war. Er meinte, streng genommen müßte ich erst einmal definieren, wer und was denn nun Anne ist, was meine Persönlichkeit hier und heute ausmacht. Nur dann könne ich zielgerichtet nach den Ursachen forschen, die zu diesem Ergebnis geführt haben.

Ich mußte wohl wieder die ratlosen großen Augen aufgesetzt haben, denn er meinte trocken, da sich ja der Mensch jede Sekunde seines Lebens entwickle, könne eigentlich nie ein aktueller Stand der Persönlichkeit festgehalten werden. Man könne sich einer Beschreibung also nur nähern, und er hätte da eine

Idee. Ich solle mich einmal umschauen, mir die Einrichtung und Gestaltung des Zimmers aufmerksam betrachten und überlegen, was dies über die Persönlichkeit ihres Vaters aussage.

Wir sahen uns dann eine Weile schweigend im Zimmer um. Ich merkte sofort, daß ich es noch nie so aufmerksam *beobachtet* hatte, daß meine *Wahrnehmung* durch die Aufgabe, die mein Vater mir gestellt hatte, geschärft war. Faszinierend fand ich die Ordnung, die hier herrschte. Alles schien seinen Platz zu haben und genau an diesem Platz zu sein. Der Mann braucht nie zu suchen, dachte ich neidisch. Das Bild mit dem Mond hinter den Birken hing da schon immer, es war ein romantischer, mir seit der Kindheit vertrauter Kontrast zu der Geradlinigkeit und Zweckmäßigkeit, die das Zimmer ansonsten ausstrahlte. Auch der Bumerang, den er als Kind von einem weitgereisten Onkel geschenkt bekommen hatte, die lächelnde indische Gottheit auf dem Schreibtisch und die Theaterplakate wiesen darauf hin, daß dies das Zimmer eines Menschen war, der mindestens zwei Seelen in seiner Brust hatte.

Hier wohnt jemand, so begann ich dann tapfer zu *analysieren*, dem Ordnung wichtig ist, weil sie ihm Sicherheit gibt – vielleicht auch das Gefühl, daß er die Dinge des Lebens und sich selbst damit besser „im Griff" hat. Die indische Gottheit könnte den Wunsch *symbolisieren*, etwas von deren Gelassenheit und innerer Ruhe zu haben. Und Freude am Theaterspiel könne nur jemand haben, der in der Lage ist, sich in andere hineinzuversetzen und deren Standpunkte einzunehmen. Andererseits – da konnte ich mir ein Grinsen nicht verkneifen – gäbe einem die Schauspielerei auch die Möglichkeit, sein wahres *Ich* hinter einer Maske zu verbergen.

Mein Vater lächelte und meinte, er fühle sich gut getroffen von seiner klugen Tochter. Jetzt aber sollten wir in mein Zimmer gehen und schauen, was es uns über den Ist-Zustand meiner Persönlichkeit verraten würde. Ich hatte ganz vergessen, daß die Überlegungen zu seinem Zimmer nur eine Vorübung waren und ich nun daran gehen mußte, meins mit dem gleichen analytischen Blick zu betrachten.

Das erste, das mir auffiel (und ihm sicherlich auch) war die Tatsache, daß dieses Zimmer vollgestopft war mit Erinnerungen. Ich hatte es noch nie so betrachtet, und es machte auf mich den Eindruck eines kleinen Museums, das alle Stationen meiner bisherigen *Entwicklung* dokumentierte. Da waren die Fotos von mir, vom Säugling bis zur Abschlußfahrt in der 13, von Menschen, die mir lieb sind, von Urlauben, Ausflügen und Festen. Die Kinderbücher standen alle noch im Regal, und obwohl ich seit Jahren nicht mehr hineingeschaut hatte, wäre es mir nie in den Sinn gekommen, mich von ihnen zu trennen. Schließlich die Kuscheltiere auf dem Schreibtisch und auf dem Bett die Puppe, die fast so alt war wie ich.

Warum mir die Puppe heute noch wichtig sei, fragte mein Vater, der meinem Blick gefolgt war. Ich dachte lange nach und meinte schließlich, sie habe lange

Zeit für mich genau so viel bedeutet wie richtige Menschen, habe ebenso wie diese ein Innenleben gehabt, fast so etwas wie eine *Bezugsperson*, noch dazu eine, die immer für mich da war, bedingungslos zu mir hielt und mich nie hinterging.

Mein Vater hatte mir ganz andächtig zugehört, und er schien dann seinen eigenen Erinnerungen an die Tochter und ihre Lieblingspuppe nachzuhängen. Ich überlegte, ob ich anders als meine Freundinnen war, was das Festhalten an diesen Objekten aus der Kindheit betraf. Aber in deren Zimmern sah es ähnlich aus, und das beruhigte mich.

Ich schaute zu meinem Vater hinüber, der mittlerweile die Photos betrachtete. Da warst du drei, meinte er und zeigte auf ein Bild, das mich mit meinem zwei Jahre älteren Bruder Max und meiner Mutter im Schnee zeigte. Ich schien mich köstlich zu amüsieren, auch meine Mutter strahlte, nur Max sah ernst und angespannt in die Kamera. Er war immer ein eher *introvertiertes* Kind gewesen, ganz im Gegensatz zu mir, wie mein Vater immer betonte.

Er schien wieder einmal zu ahnen, woran ich dachte, denn er meinte, daß Max und ich in Sachen Temperament jeweils nach dem gleichgeschlechtlichen Elternteil geraten seien. Und da tue sich eine interessante Fragestellung auf, fügte er nach einer Pause hinzu, aber die müsse man auf das nächste Mal verschieben, denn jetzt hätte er sich dem pädagogischen Alltagsgeschäft zu widmen und einen Stapel Klausuren nachsehen. Ich war auch froh darüber, denn so konnte ich erst einmal aufschreiben, was ich von unseren ersten kurzen Blikken in meine *Ontogenese* festhalten wollte.

2. Erziehung heißt nicht: einen Eimer füllen

Der Kaffee stand schon bereit, als ich ein paar Tage später zur Fortsetzung unseres Gesprächs ins Zimmer meines Vaters kam. Er lüftete dann schnell das Geheimnis jener interessanten Fragestellung, die ihm beim letzten Mal eingefallen war. Um weiteren Aspekten meiner Persönlichkeit auf die Spur zu kommen, meinte er, wäre es ganz sinnvoll zu fragen, welche *Merkmale* ich mit meiner Mutter und welche ich mit meinem Bruder gemeinsam habe. Er schlug vor, das Thema zunächst einmal allgemein zu erörtern, später könnte ich mir ja Notizen zu wichtigen Details machen.

Mit meinem Bruder, sagte ich nach einigem Nachdenken, hätte ich zunächst einmal etwas gemeinsam, das meine Eltern niemals erleben könnten, nämlich Kind eben dieser Eltern zu sein. Mit meiner Mutter wiederum würden mich *Erfahrungen* verbinden, die mein Vater und mein Bruder niemals gemacht hätten und niemals machen könnten, da sie auf den „kleinen" Unterschied zurückzuführen seien. Schon die Geburt eines Mädchens rufe andere Reaktionen hervor als die eines Jungen, meinte ich, und dementsprechend beginne die andersgeartete *Sozialisation* schon in der ersten Lebenssekunde. Ich erzählte von den aufwendigen Untersuchungen in französischen und amerikanischen Krankenhäusern, bei denen festgestellt worden war, daß Jungen ganz überwiegend länger gestillt wurden als Mädchen. Die Schlußfolgerung der Forscher sei damals gewesen: Während die Jungen selbst bestimmen könnten, wann mit dem Stillen Schluß sei, würde bei den Mädchen meist die Mutter diese Entscheidung übernehmen.

Mein Vater schien zu merken, daß ich mich in das Thema *Geschlechtsunterschiede* vertiefen könnte, und er meinte, wir sollten die allgemeine Erörterung nicht soweit treiben, daß wir den Gegenstand unserer Überlegungen aus dem Auge verlieren würden. Und der sei im Moment doch die Frage, wieviel ich mit meiner Mutter gemeinsam habe, worin ich ihr ähnlich sei in meiner Erscheinung, in meinem *Verhalten*, in meiner *Psyche*, in der Reaktion auf die Umwelt und in der Reaktion der Umwelt auf mich bzw. auf uns als Menschen weiblichen Geschlechts.

Ich notierte mir brav die Stichworte und versprach, zu jedem etwas zu Papier zu bringen.

Dann aber wollte ich von ihm wissen, wie denn aus seiner Sicht die Gemeinsamkeiten von Mutter und Tochter aussähen. Er lächelte erst einmal, unverschämt lange, und ich hätte allerhand für die ersten Gedanken gegeben, die ihm durch den Kopf gingen. Es sei eine Menge von meiner Mutter in mir, meinte er dann, und das sei auch gut so. Wenn er drei Eigenschaften nennen sollte, die ich und meine Mutter gemeinsam haben, würde er als erstes die *Extraversion* anführen, die uns beide so deutlich von den männlichen Mitgliedern der Familie unterscheidet und von der er vor allem seinem Sohn etwas mehr wünschte. Dann nannte er unsere *Begabung* fürs Zeichnen, während er bedauerlicherweise nie über das Niveau von Strichmännchen hinausgekommen sei. Und schließlich wäre da noch die Ähnlichkeit in einigen ansprechenden Merkmalen der äußeren Erscheinung, die zeigen würden, welcher Mutter Kind ich sei.

Um auch mal ein bißchen zu glänzen meinte ich dann, von ihm, meinem Vater, wäre auch eine Menge in meinem *Phänotyp* vertreten, denn die braunen Augen und die großen Füße hätte ich ja wohl von ihm. Er lachte und meinte, das sei ja wohl nicht alles und wollte dann von mir wissen, wie ich denn allgemein den Anteil von *Anlage und Umwelt* bei der Entwicklung des *Individuums* einschätzen würde. Da konnte ich noch einmal mein Wissen anbringen und meinte, dies wäre die falsche Fragestellung. Zwar könne man davon ausgehen, daß allen Merkmalen des Menschen eine ererbte Anlage, eine *Disposition* zugrunde liegt, doch würden einem Menschenkind all seine günstigen Voraussetzungen gar nichts nützen, wenn seine Umwelt und seine Lebensbedingungen die Entwicklung dieser Anlagen nicht fördern oder gar verhindern.

Dazu brauche man sich nur vorzustellen, ergänzte mein Vater, Mozart wäre als siebtes Kind eines Tagelöhners geboren worden und nicht in einem Haus aufgewachsen, in dem die Musik den Mittelpunkt des Lebens darstellte. Ich sah ihn vor mir, den kleinen Mozart, wie er, notdürftig in Lumpen gekleidet im Schmutz hinter einer ärmlichen Hütte spielte und so gar nichts ahnte von den außergewöhnlichen Möglichkeiten, die in ihm schlummerten. Als ich mir auszumalen begann, daß seine Spielpartner ein verhinderter Shakespeare und eine unentdeckte Marie Curie seien, holte mich mein Vater in die Wirklichkeit zurück und sagte, wie auch immer man in der Frage nach dem Einfluß von Anlage und Umwelt denke, als erziehender Mensch habe man ohnehin keine andere Wahl als an die Wirkung von *Erziehung* zu glauben.

Er meinte dann, das wäre ein gutes Stichwort, und wir sollten uns jetzt der Frage zuwenden, wie ich denn aus heutiger Sicht meine Erziehung beschreiben würde und welche Spuren davon in meiner Persönlichkeit zu finden wären. Ich mußte ihm ja zustimmen, daß dies eines der zentralen Themen war, aber mir kam lange Zeit keine Idee, wie ich mich diesem komplizierten Gegenstand nähern könnte. Mein Vater schien mein Problem zu erkennen und schlug vor, mit Situationen zu beginnen, in denen ich mich gegen meinen Willen erzogen gefühlt hätte.

Als hätte ich auf diesen Hinweis gewartet, kam mir sofort ein Erlebnis aus der Zeit in den Sinn, als ich im siebten Schuljahr war und es auf Klassenfahrt ging. Alle Mädchen aus der Klasse hatten verabredet, superkurze Miniröcke mitzunehmen, um diese dann in gemeinsamer Mutprobe zu tragen. Als meine Mutter sah, wie ich meinen einpackte, nahm sie ihn mir weg und meinte, das sei keine angemessene Kleidung für eine Klassenfahrt. Ich fühlte mich furchtbar gedemütigt und litt die ganze Woche.

Ich merkte, daß immer noch etwas von der Wut in mir war, die ich damals empfunden hatte, und mir wurde klar, daß man *Abhängigkeit* dann am intensivsten erlebt, wenn der Wunsch nach *Ablösung* stärker wird. Mir fielen dann weitere Beispiele ein, vor allem Vorschriften bei der Bekleidung, Benimmregeln und Ausgehzeiten, die mir nicht behagten und durch die ich mich in meinem Drang nach *Autonomie* eingeengt sah. Nachdem ich sie aufgezählte hatte fragte ich mich, ob Einschränkungen und Bestrafungen tiefere Spuren in der Psyche hinterließen als beispielsweise all die Situationen, in denen meine Eltern mir Mut machten, mich aus Notlagen befreiten, mir geduldig und fürsorglich Dinge beibrachten oder mein Interesse an den schönen und wichtigen Aspekten des Lebens weckten.

Damit brachte ich auch meinen Vater zum Nachdenken. Nach einer Weile meinte er, möglicherweise seien die *Gefühle* von Ohnmacht und Ausgeliefertsein stärker und dauerhafter als andere, eben weil man als Kind nicht gegen den übermächtigen Erwachsenen ankomme und so gar keine Möglichkeit habe, das Geschehen in seinem Sinn zu beeinflussen, wenn die Erziehungsperson es nicht will. Auch er könne, fügte er hinzu, auf der Stelle eine Reihe von vergleichbaren Situationen aus Kindheit und Jugend aufzählen, deren Erinnerung ihn wohl ein Leben lang begleiten würden.

Wir kamen dann auf meine Erziehung zurück, wobei ich meinte, daß ich abgesehen von den genannten Beispielen kaum das Gefühl gehabt hätte, im Sinne des Wortes erzogen worden zu sein, im Gegensatz zu einigen meiner Freundinnen, denen häufig mehr Einschränkungen auferlegt worden waren als mir. Bei diesem Gedanken war plötzlich die Wut verflogen, die ich noch eben bei der Erinnerung an die Minirock-Episode empfunden hatte, und mich überkam ein schlechtes *Gewissen*, weil ich wegen dieser alten Geschichte immer noch so viel *Aggression* mit mir herumschleppte.

Bevor ich allzu rührselig werden konnte, meinte mein Vater trocken, wir hätten mal wieder den zweiten Schritt vor dem ersten getan, nämlich uns in den Gegenstand Erziehung zu vertiefen, ohne ihn vorher wenigstens in Ansätzen definiert zu haben. Das sei zwar seine Schuld, aber jetzt sollten wir das nachholen. Mir fiel eine Liste ein, die wir vor einem Jahr im Unterricht erhalten hatten, und war richtig stolz, als ich sie ohne großes Suchen fand.

Ernst Christian Trapp (1745–1818): „*Erziehung ist Bildung des Menschen zur Glückseligkeit. Philosophen und Ammen, Großmütter und Schullehrer, alles, was sich zur Erziehung der Jugend drängt, oder sich dabei brauchen läßt, bemüht sich dem Innern und Äußern des Zöglings eine gewisse Beschaffenheit und Form zu geben, die sich wohl nicht durch ein allgemeineres Wort als Bildung ausdrücken läßt.*"

Anton Heinrich Niemeyer (1754–1828): „*Die Vernunft kann aus keinem Wesen etwas anderes bilden wollen, als was in der ursprünglichen Natur desselben als reine Bestimmung begründet ist. Eine vernünftige Erziehung kann sich folglich keinen anderen Zweck setzen, als das Menschliche (die Humanität) in dem Menschen so vollkommen auszubilden, als es bei jedem einzelnen der Gattung möglich ist. Je vollkommener die Umbildung aller menschlichen Kräfte erfolgt, und je harmonischer sie zusammenstimmen, desto näher ist der Zögling dem Ideal der vollendeten Menschheit gebracht.*"

Friedrich Schleiermacher (1768–1834): „*Die Erziehung soll so eingerichtet werden, daß beides in möglichster Zusammenstimmung sein, daß die Jugend tüchtig werde einzutreten in das, was sie vorfindet, aber auch tüchtig in die sich darbietenden Verbesserungen mit Kraft einzugehen. Je vollkommener beides geschieht, desto mehr verschwindet der Widerspruch …*"

Johann Friedrich Herbart (1776–1841): „*… Die beste Erziehung mißlingt gar oft. Vorzügliche Menschen werden das, was sie sind, meist durch sich selbst.*"

Wilhelm Dilthey (1833–1911): „*Die Aufgabe der Erziehung ist die Entwicklung des Individuums durch ein absichtliches System von Mitteln zu dem Zustand, in welchem dasselbe alsdann selbständig seine Bestimmung zu erreichen vermag. Demgemäß ist, aller Erfahrung über das menschliche Schicksal gemäß, die Entwicklung des Gemüts, des Willens und einer Ideenwelt in dem Individuum das letzte Ziel aller Erziehung.*"

John Dewey (1859–1952): „Erziehung ist selbst schon aktuelles Leben und nicht erst Vorbereitung für das künftige Leben."

Emile Durkheim (1858–1917): „Erziehung ist die Einwirkung, welche die Erwachsenengeneration auf jene ausübt, die für das soziale Leben noch nicht reif sind. Ihr Ziel ist es, im Kinde gewisse physische, intellektuelle und sittliche Zustände zu schaffen und zu entwickeln, die sowohl die politische Gesellschaft in ihrer Einheit als auch das spezielle Milieu, zu dem es in besonderer Weise bestimmt ist, von ihm verlangt."

Hans Bokelmann: „Erziehung ist dasjenige Handeln, in dem die Älteren (Erzieher) den Jüngeren (Edukanden) im Rahmen gewisser Lebensvorstellungen (Erziehungsnormen) und unter konkreten Umständen (Erziehungsbedingungen) sowie mit bestimmten Aufgaben (Erziehungsgehalten) und Maßnahmen (Erziehungsmethoden) in der Absicht einer Veränderung (Erziehungswirkungen) zur eigenen Lebensführung verhelfen, und zwar so, daß die Jüngeren das erzieherische Handeln der Älteren als notwendigen Beistand für ihr eigenes Dasein erfahren, kritisch beurteilen und selbst fortführen lernen."

Lutz Rössner: „Von einem Menschen $s1$ absichtsvolles und geplantes Zuführen von Impulsen in bezug auf einen Menschen $s2$ mit dem Ziel, das Lernen von $s2$ so zu beeinflussen, daß $s2$ Dispositionen so erwirbt oder ändert, daß $s2$ Verhalten realisiert, das die Verhaltens-Erwartungen von $s1$ (und/oder seines Auftraggebers) erfüllt."

Theodor Ballauff (1911-1995): „Erziehung heißt: auf den Weg bringen. Allerdings auch nicht mehr!"

Mein Vater las aufmerksam, legte die Stirn in Falten, lachte gelegentlich und murmelte manche Formulierungen vor sich hin, als würde ihm dabei der Sinn der Worte klarer. Ich fragte ihn dann, ob ein Gedanke dabei sei, der sein Verständnis von Erziehung beschreibe. An all diesen Definitionen sei ja etwas Wahres, antwortete er, aber er hätte für sich selber nie den Versuch unternommen, einen so vielschichtigen Begriff wie Erziehung bestimmen zu wollen. Wichtiger sei ihm immer gewesen, von welchen Grundgedanken das geleitet sei, was der Erwachsene mit dem Kind anstelle.

Er erzählte dann von den vielen Abendgesprächen auf dem Sofa zwischen meiner Mutter und ihm, als sich jeden Tag neue, oft überraschende Anlässe ergaben, über die Kinder und den eigenen *Erziehungsstil* nachzudenken. Zwar seien diese Gespräche seltener geworden, es gäbe sie aber immer noch. Eins, so meinte er, sei für meine Mutter und ihn immer klar gewesen: Wer es mit Liebe nicht schafft, schafft es auch mit Strenge nicht. Es habe auch ein klares Einverständnis darüber gegeben, daß für ein Kind nichts schlimmer sei als Gewalt, Demütigung und Willkür. Und schließlich sei es ihnen wichtig gewesen, von den Kindern keine Tugenden zu fordern, die man selbst nicht habe.

Dann schaute er mich eine ganze Weile an, lächelte schließlich und sagte, die Definition von Erziehung, die ihm immer am besten gefallen habe, stamme von dem griechischen Schriftsteller Plutarch: Erziehung heißt nicht einen Eimer füllen, sondern ein Feuer entfachen. Und wenn er seine Tochter so anschaue, meinte er dann, da sei doch zweifellos einiges an Feuer entfacht worden. Ich wurde ziemlich verlegen und umarmte ihn. Seine Komplimente waren immer die schönsten, und während er mich drückte erinnerte ich mich an die Zeit, als es keinen schöneren Platz gab als auf Papas Arm.

3. Normal sein. Möglichst glücklich.

Es verging eine Woche, bis sich wieder eine Gelegenheit ergab, unsere pädagogischen Gespräche fortzuführen. Ich kam von der Schule nach Hause und fand meinen Vater Zeitung lesend in der Küche. Er schien auf mich gewartet zu haben, denn ich hatte gerade meine Tasche abgesetzt und die Jacke ausgezogen, da begann er schon vorzulesen:

„Sie heißt Charlotte. Statistisch wird sie 79 Jahre alt. Ihr Herz wird in dieser Zeit knapp drei Milliarden mal schlagen, ihre Augen 415 Millionen mal geblinkt haben. Ihr werden 950 km Haar und 28 Meter Fingernägel wachsen. Charlotte wird als Kind 150 km krabbeln, auf ihren Füßen später 22000 Kilometer zurücklegen. Durchschnittswerte vom menschlichen Körper, ermittelt im Auftrag des britischen Senders BBC. Als durchschnittliche Frau wird Charlotte 2580 mal Sex haben – und zwar mit fünf Liebhabern. Wirklich lieben wird sie aber nur zwei. Sie wird zwei Kinder haben und vier Enkel. Zweieinhalb Jahre ihres Lebens wird Charlotte telefonieren, insgesamt zwölf Jahre vor dem Fernseher hocken. Dreieinhalb Jahre wird Charlotte mit Essen verbringen, dabei 7300 Eier und 160 Kilo Schokolade verzehren. Sie wird sechs Monate auf dem Klo zubringen und 26 Jahre verschlafen."

Mein Vater schaute mich an und schien zu wissen, daß ich bei einem ganz bestimmten Punkt zu rechnen begonnen hatte. Jedenfalls merkte ich, wie ich rot wurde, mußte aber gleichzeitig lachen und meinte: Ich bin doch keine Durchschnittsfrau – oder?

Da müsse er mir schon deshalb zustimmen, weil ich ja sein Fleisch und Blut sei, antwortete er, und außerdem gäbe es sicher keine Frau, die in allen Einzelheiten diesem *statistischen* Mittelwert entspräche. Doch bestehe ja die Persönlichkeit nicht nur aus meßbaren Merkmalen, wie sie in dem Artikel genannt wurden. Mindestens ebenso wichtig für mich und für die Menschen, die mit mir zu tun haben, seien doch folgende Dinge: Was hast du für eine *Moral*? Welche *Normen* sind dir wichtig? Was bedeutet Glück für dich, und wie glücklich bist du? Wo zeigst du *Konformität*, wo schwimmst du gegen den Strom? Wie sind deine *Beziehungen* zu anderen Menschen? Bist du eher optimistisch oder pessimistisch? Welchen Sinn hat das Leben, dein Leben?

Er bombardierte mich mit diesen Fragen, bis ich ihn unterbrach und stöhnte, da bräuchte ich ja Monate, um das alles zu bearbeiten. Da müsse er mir recht geben, sagte er, aber es wäre doch zur Übung ganz gut, einen dieser Punkte aufzugreifen, um ein weiteres Mosaiksteinchen in das Bild von Anne einzufügen, wie sie heute ist. Mir schwirrten noch alle seine Fragen im Kopf herum, und es dauerte lange, bis ich einen Anfang fand. Schließlich meinte ich, daß ich in vielerlei Hinsicht normal sei in dem Sinne, daß meine Einstellungen, Ängste, Wünsche und Träume ähnlich oder gleich denen der anderen Mädchen in meiner Jahrgangsstufe seien. Es gäbe auf den ersten Blick kaum etwas, das mich von meinen Altersgenossinnen unterscheiden würde.

So ganz könne er mir da nicht zustimmen, schaltete sich mein Vater in meine Gedanken ein, denn nach seinem Eindruck sei es mir zum Beispiel immer wichtig gewesen, zu denjenigen zu gehören, die den Ton angeben. Er erinnerte mich an die Zeiten, in denen ich auf der Spielstraße das große Wort führte und auch ältere Mädchen sicher im Griff hatte. Schon damals hätte er den Eindruck gehabt, daß hier eine Person heranwachse, die Führungsqualitäten habe, und dieser Eindruck wäre in den Jahren danach immer wieder bestätigt worden.

Ich war ziemlich verblüfft über diese Einschätzung und sagte, daß ich mich selbst nie so beschreiben würde. Da könne man wieder einmal den oft erstaunlichen Unterschied zwischen *Selbstbild* und *Fremdbild* feststellen, meinte mein Vater trocken, ein Problem, welches ihm bestens bekannt sei. Er hätte zum Beispiel häufig die Erfahrung gemacht, daß ihn seine Umgebung in bestimmten Situationen für arrogant hielt, während er selbst sich im gleichen Moment unsicher und unbehaglich fühlte.

Wir schwiegen dann eine Weile, beide beschäftigt mit diesem Problem, das, wie mir mehr und mehr bewußt wurde, die *Kommunikation* zwischen den Menschen oft schwierig machte. In Gedanken sah ich die Menschen vor mir, mit denen ich alltäglich zu tun hatte, und versuchte mir vorzustellen, welches Bild sie von mir hatten. Selbst wenn ich wüßte, fragte ich mich, daß diese oder jene Person eine Vorstellung von mir hätte, die nach meiner Einschätzung falsch und ungerecht ist, wie könnte ich diesen Menschen daran hindern, so von mir zu denken? Wie wichtig war es mir, bei all diesen Menschen gut dazustehen?

Mein Vater holte mich aus diesen Grübeleien heraus und meinte, das Ausmaß von Glück und Zufriedenheit, das ein Mensch empfinde, hinge doch mehr vom *Selbstwertgefühl* ab als von der Einschätzung der anderen. Zwar sei es für jedes Individuum lebenswichtig, geliebt und respektiert zu werden, doch könne man weder anstreben noch erwarten, von allen Bezugspersonen ausschließlich positiv bewertet zu werden. Und wenn man einmal wirklich enttäuscht wäre, weil eine bestimmte Person nicht die gewünschte Wertschätzung zeigt, könne man sich immer noch mit dem Gedanken trösten, das Fremdbild sei häufig durch *Projektionen* und selektive Wahrnehmung verfälscht und deshalb nicht immer zuverlässig.

Er wollte dann noch über meine Moral reden, über Normen, die für mich unverzichtbar seien, aber mir dröhnte der Kopf und ich verlangte eine Pause. Beim Stichwort Moral war mir ein Arbeitsblatt eingefallen, mit dem ich meinen Vater eine Weile beschäftigen konnte.

Was ist gut, was ist böse, was ist richtig, was ist falsch? Wie kommt ein Mensch dazu, eine Moral zu entwickeln und selber moralisch zu handeln? Warum entwickelt sich dieses Kind zum unerschütterlichen Charakter mit festen Lebensprinzipien, jenes dagegen zum haltlosen Menschen, der jeder Verführung zugänglich ist? Seitdem die Menschen über sich nachdenken, ist die Frage nach dem Ursprung von Tugend und Moral eine der großen Streitfragen geblieben. Zusammengefaßt sind im Laufe der Zeit die folgenden fünf Thesen zu dieser Frage formuliert worden.

Erste These: Der Mensch ist von Natur gut.

Am deutlichsten wird diese optimistische Auffassung vom Menschen von Jean-Jacques Rousseau (1712–1778) vertreten: „Alles ist gut, wie es hervorgeht aus den Händen des Urhebers der Dinge; alles entartet unter den Händen des Menschen ...; er liebt das Mißgestaltete, das Ungeheuerliche; nichts will er so haben, wie es die Natur gemacht hat, nicht einmal den Menschen; er will ihn zugerichtet haben wie ein Reitpferd, zugestutzt nach der Mode wie ein Baum in seinem Garten."

Zweite These: Der Mensch ist von Natur schlecht.

Die pessimistische Auffassung vom Wesen des Menschen geht davon aus, daß die Natur selbst keine moralischen Wertbestimmungen kennt. Wie jedes Lebewesen sei auch der Mensch von Naturtrieben beherrscht, die ausschließlich der Erhaltung der Art und des Individuums dienen. Der englische Philosoph Hobbes (1588-1679) z.B. behauptet, der Egoismus sei der einzige natürliche Grundzug des Menschen. Erziehung wäre demnach nicht, wie Rousseau meint, Befreiung einer natürlichen Moralität, sondern Bändigung egoistischer Triebe.

Dritte These: Tugend beruht auf Einsicht.

„Wer nach Gefühlen, nach unklaren Voraussetzungen, nach hergebrachten Gewohnheiten handelt, der mag wohl gelegentlich das Rechte treffen ... Nur der wird aber recht handeln können, der die richtige Einsicht in die Dinge und zu sich selbst hat." Diese Ansicht ist zuerst von dem griechischen Philosophen Sokrates und seinem Schüler Plato (um 400 v.Chr.) formuliert worden. Da moralisches Handeln auf Einsicht, also auch auf Verstehen, beruht, muß nach dieser Theorie moralische Erziehung auf geistiger Erziehung aufbauen; denn ein

Mensch, der seine Sache versteht und sich im bürgerlichen wie im politischen Leben einsichtig und umsichtig verhält, wäre ein tugendhafter Mensch. Sünde und Verbrechen hätte man gleichzusetzen mit Irrtum, Einsichtslosigkeit und Dummheit.

Vierte These: Moralisches und amoralisches Verhalten sind angeboren.

Voltaire (1694–1778), der französische Moralist, hat behauptet, die sittlichen Grundsätze seien dem Menschen angeboren wie seine Glieder; jedoch müsse er beide durch die Erfahrung gebrauchen lernen. Der italienische Arzt Lombroso (1836–1909) vertrat sogar die Auffassung, amoralisches Verhalten und Kriminalität seien erblich; er prägte den Begriff vom „geborenen Verbrecher".

Diese Thesen besagen etwas anderes als die Behauptungen, der Mensch sei „von Natur aus" gut oder schlecht. Mit „angeboren" ist hier nämlich eine Anlage gemeint, die sich mehr oder weniger zwangsläufig verwirklicht und durch Erziehung kaum beeinflußt werden kann. Was hingegen von Natur aus gut oder böse ist, läßt sich gegen die Natur, nämlich durch Erziehung, ändern.

Fünfte These: Die Gesellschaft bestimmt, was gut und böse ist.

Archelaos, ein griechischer Philosoph, hat wohl als erster erklärt, Werturteile wie gut, böse, recht, tugendhaft und unsittlich seien nicht der Natur, sondern „der Satzung entsprungen", also Ergebnisse gesellschaftlicher Abmachungen oder auf den Willen eines Herrschers zurückzuführen. Dieser Grundgedanke ist auch im 20. Jahrhundert noch aktuell. Wenn zum Beispiel Lenin (1870–1924) sagt: Sittlich ist nur das, was der Zerstörung der alten Ausbeutergesellschaft dient, so will er damit bewußt ein neues Bewußtsein von moralischen Werten herbeiführen. Nach seiner Auffassung ist jede amoralische Handlung durch gesellschaftliche Verhältnisse bedingt. Allein die Änderung dieser Verhältnisse könnte den Menschen zu einem Wesen machen, das im Einklang mit sich und seiner Umwelt lebt.

Als ich in die Küche zurückkam, hatte mein Vater Kaffee gemacht, und er meinte, das wäre eine interessante Lektüre gewesen. Ich fragte ihn, welcher Auffassung von der Entstehung von Moral er denn zuneige, und er antwortete, wie groß oder wie gering man den Einfluß von Erziehung auf die Moral des zu Erziehenden einschätze, man habe ohnehin keine andere Wahl als an einen solchen Einfluß zu glauben. Aber diese banale Einsicht sei nur der Anfang allen pädagogischen Handelns. Wenn dir bewußt sei, daß Erziehung etwas bewirkt, dann müsse auch klar sein, daß man immer die Auswahl habe, auf diese oder jene Weise auf das Kind einzuwirken, ihm diesen Weg zu eröffnen und jenen zu verschließen. Auch moralische Erziehung sei immer mit *Kanalisierung* verbunden, wobei die Eltern sich stets bewußt sein sollten, daß neben all den geplanten Erziehungsmaßnahmen eine riesige Grauzone von ungeplanten, unbeabsichtigten Einwirkungen auf das Kind stünden. Die unbewußten Widersprüche und Ängste, die ungelösten *Konflikte* der Erziehungspersonen hätten nach seiner Einschätzung großen Einfluß auf das, was sie ihrem Kind als Moral nahebringen.

Insofern könne man froh sein, fügte er mit einem Lächeln hinzu, daß einem die eigenen Kinder alles in allem ganz gut geraten seien. Ich fragte ihn, ob meine Eltern denn so etwas wie ein Konzept, eine Liste von anzustrebenden Erziehungszielen angefertigt hätten, bevor ihre Kinder auf die Welt kamen. Er nahm das ganz ernst und meinte, so etwas sei nicht nötig gewesen, weil meine Mutter und er in langen Gesprächen vorher erkannt hätten, daß sie in den Vorstellungen über das Leben mit einem Kind weitgehend einig waren.

Doch die private Theoriebildung über das eigene Verhalten im Erziehungsprozeß höre eigentlich nie auf, fügte er hinzu, auch heute nicht, da man sich dem Ende des Weges nähere. Er hoffe nur, und da kam etwas Feierliches in seine Stimme, seine Kinder mit den Merkmalen ausgestattet zu haben, die man zu einem lebenswerten Leben brauche, nämlich glücksfähig, arbeitsfähig und liebesfähig zu sein.

Was das anging, dachte ich, brauchte er sich keine Sorgen zu machen.

4. Der Rest der Welt. Eintritt frei und unvermeidlich.

Am nächsten Abend kam mein Vater mit einem Photo zu mir, das mich auf dem Arm meiner Mutter vor der Tür des Kindergartens zeigte. Ich sei nur schwer zu dieser Aufnahme zu überreden gewesen, erinnerte er sich, weil ich unbedingt hineingewollt hätte zu den anderen Kindern, deren aufgeregte Stimmen man von draußen hören konnte. Schon damals und auch einige Male später hätte er festgestellt, daß ich jeden Schritt in eine neue Entwicklungsstufe, zu mehr Autonomie selbstsicher und voller Tatendrang unternahm.

Ehe ich so richtig darüber nachdenken konnte, ob er nicht ein allzu *ideales* Bild von mir zeichnete, meinte er, ich hätte auch nicht geweint, als sich die Eltern beim ersten Mal am Kindergarten verabschiedeten, hätte mich nicht einmal umgeschaut, und beide Eltern wären sich hinterher mit Tränen der Rührung in den Augen einig gewesen, nie etwas Ergreifenderes gesehen zu haben als ihr Kind, das da so entschlossen und zuversichtlich in einen neuen Lebensabschnitt eintrat.

Ich konnte mich nicht mit solcher Genauigkeit an diesen Tag erinnern, doch im Gegensatz zu den Eindrücken meines Vaters hatte ich sehr wohl lange Zeit große *Trennungsangst* empfunden, wenn die Eltern mich am Kindergarten allein ließen. Aber da ich ein großes Mädchen sein wollte, weinte ich nicht. Wie die meisten anderen Kinder überwand ich dann den Schock, der zum einen darin bestand, daß ich ohne elterlichen Schutz nun als eigenständige Person soziale Beziehungen aufnehmen mußte, zum anderen darin, daß ich nun die

Hälfte des Tages eine erwachsene Bezugsperson mit vielen Kindern teilen mußte.

Was denn das Wichtigste sei, das ich aus dem Kindergarten mitgenommen hätte, wollte mein Vater wissen. Da brauchte ich nicht lange zu überlegen und nannte Elke, die damals meine erste beste Freundin wurde und es bis heute geblieben ist. Mein Vater erinnerte sich daran, wie ich anfangs aus lauter Begeisterung und Bewunderung die Freundin bis in kleinste Details der Sprache und des Verhaltens *imitiert* hatte. Auch heute noch war es so, daß wir in vielen Situationen ähnlich oder gleich reagierten, was aber längst nicht mehr nur daran lag, daß ich die geliebte Freundin nachmachte.

Wir landeten dann schnell beim ersten Schultag, den Elke und ich Hand in Hand, mit identischen Ranzen und Ringelsöckchen absolvierten. Das sei nun dreizehn Jahre her, meinte mein Vater, und mir wurde schlagartig klar, wie wenig Zeit noch blieb bis zum unwiderruflichen Ende meiner Schulzeit. Ich hatte das Gefühl, daß dies keineswegs ein schmerzloser Abschied werden würde. Um mich von diesen Gedanken abzulenken, fragte ich meinen Vater, ob er denn gerne zur Schule gegangen sei.

Was die Grundschule anginge, so meinte er nach einer Weile, könne er da fast uneingeschränkt mit Ja antworten. Er sei ein weinerliches Kind gewesen (heute würde man das eher sensibel nennen, ergänzte er lächelnd) und hätte aus der frühen Kindheit und dem Kindergarten eine Menge *Minderwertigkeitsgefühle* mitgebracht. Doch da er schnell gelernt habe und durchweg erfolgreich gewesen sei, habe er endlich die *Zuwendung* von seinem Vater bekommen, um die er bis dahin vergebens gerungen hatte. Er hätte bis dahin nie des Vaters Vorstellungen von einem Sohn entsprechen können, ergänzte er dann nachdenklich, aber als er dann durch die guten Schulleistungen die erhoffte Aufmerksamkeit erreicht hatte, wäre wiederum seine Freude am *Lernen* verstärkt worden.

Daran hätte auch das traditionsreiche Jungengymnasium nichts ändern können, meinte er, obwohl man sich dort, dem alternden Zeitgeist entsprechend, alle Mühe gegeben hätte, Phantasie, *Kreativität* und selbständiges Denken durch das Einpauken von Wissen und durch ein wirkungsvolles System von viel *Bestrafung* und wenig *Belohnung* in Schach zu halten. Heute könne er darüber lachen, sagte er schließlich, daß er die meisten Ohrfeigen seines Lebens in der Schule erhalten habe, obwohl die Vergehen allenfalls in Schwätzen oder vergessenen Hausaufgaben bestanden hätten.

Zwar hatte er früher schon des öfteren aus der Schulzeit erzählt, doch war ich jedes Mal aufs Neue schockiert, so etwas zu hören. Für mich war undenkbar, von einer Lehrerin oder einem Lehrer geschlagen zu werden. Ebenso schwer konnte ich mir vorstellen, daß mein Vater, der mir jetzt gegenüber saß und so viel Sicherheit und Autorität ausstrahlte, einmal ein Elfjähriger war, der von seinem Klassenlehrer wegen vergessener Aufgaben oder wegen Widerworte ins Gesicht geschlagen wurde.

Mir wurde wieder einmal bewußt, daß Bestrafungen in meinem Leben weder in der Familie noch in der Schule eine große Bedeutung gehabt hatten, und ich meinte zu ihm, allein durch diese Tatsache würde sich seine Sozialisation deutlich von meiner unterscheiden. Er nickte zustimmend und meinte, ich und viele aus meiner Generation seien der lebendige Beweis dafür, daß Moral und Gewissen nicht unbedingt erzwungen werden müssen, wenn man dem jungen Menschen genug Zeit und Geduld einräumt, den Sinn wesentlicher Normen und Werte zu erkennen und zu *internalisieren*. Diese Bedingungen hätte die Schule zu seiner Zeit aber nicht erfüllen können, da sich die pädagogische Praxis noch an den Theorien des 19. Jahrhunderts orientiert hätte und soziales Lernen allenfalls zufällig und nicht immer mit wünschenswerten Ergebnissen stattgefunden hätte.

Ich meinte, da wäre ja noch ein wesentlicher Unterschied zwischen meiner und seiner Jugend, nämlich die Tatsache, daß er auf einem Jungengymnasium gewesen sei und ich auf einer gemischten Schule. In der Tat, meinte er lachend, dies sei ein gewaltiger Unterschied. Mit 13 seien ihm Mädchen immer noch wie Menschen von einem anderen Stern vorgekommen, sehr sehr fremd und auf eine Weise anziehend, die ihn eher nervös machte als daß sie die sogenannten Frühlingsgefühle in ihm geweckt hätte.

Um so schöner sei es für ihn zu sehen gewesen, wie seine Tochter so vergleichsweise unkompliziert in ständigem Kontakt mit dem anderen Geschlecht aufwuchs und wie selbstbewußt sie ihre Neugier in die Tat umsetzte. Ich wurde verlegen und meinte, so selbstbewußt sei ich nie gewesen. Wie alle Mädchen, deren Körper sich für alle sichtbar entwickelte, hätte ich Selbstzweifel und *Ängste* durchlebt, wie dieser Körper in den Augen der anderen aussah, und auch heute sei ich nicht frei davon und würde wohl den Rest meines Lebens nie frei davon werden.

Mein Vater schaute mich an, als ob er das gar nicht glauben könne, und ich versuchte ihn damit zu trösten, Männer könnten dies nicht nachvollziehen, da ihre Körper nicht in dem Maße Gegenstand von Beobachtung und Bewertung seien. Aus alledem würde klar, meinte er nach einer Weile nachdenklich, daß Erwachsenwerden auch bedeute, mit seinen Ängsten und Widersprüchen leben zu lernen, ohne daß sie dich beherrschen, seine Mängel und Einschränkungen zu akzeptieren und trotzdem Freude an sich selbst zu haben.

5. Ein Mensch hat zwei Motive, etwas zu tun: ein gutes und das wahre.

Als ich meinen Vater ein paar Tage später bei seinen Unterrichtsvorbereitungen sah, fiel mir die Frage ein, die ich ihm schon seit einiger Zeit stellen wollte. Es wäre schwer zu verstehen, so meinte ich, nachdem er sich zu einem weiteren Gespräch hatte überreden lassen, warum er, dessen Kindheit und Jugend offensichtlich komplizierter, anstrengender und leidvoller waren als meine, ausgerechnet den Beruf des Lehrers gewählt hätte.

Er grinste und meinte, die Frage hätte er sowohl erwartet als auch befürchtet. Früher hätte er darauf meist geantwortet, eher aus Verlegenheit Lehrer geworden zu sein, da er das Studium keineswegs mit einem klaren Berufswunsch begonnen hätte. Es seien aber nie ernsthaft Alternativen aufgetaucht, und dann sei eben alles auf den Lehrerberuf hinausgelaufen.

Aber er wolle seine Tochter nicht mit solchen vagen Erklärungen abspeisen. Möglicherweise hätte das *Motiv* eine Rolle gespielt, es besser machen zu wollen als diejenigen, die er als Erziehende erlebt hatte. Dies wiederum, so ergänzte er nachdenklich, könne auch bedeuten, daß er irgend jemandem, vielleicht seinem Vater, etwas hatte beweisen wollen. Da wären sicherlich noch eine Reihe von Motiven in seinem *Unbewußten* gewesen, meinte er schließlich, doch gegen Ende des Studiums sei ein ganz handfestes in den Vordergrund getreten, nämlich die Sicherheit des Beamtendaseins, gutes und sicheres Geld, für ihn als Nachkriegskind, das mit Entbehrungen groß geworden sei, ein wesentlicher Faktor.

Ich solle aber nun auch mal eine *Hypothese* beisteuern, sagte er dann, schließlich hätte ich ja im Unterricht gelernt, *psychoanalytisch* zu denken. Ich überlegte lange, da ich mich nicht blamieren wollte. Es könnte sein, traute ich mich schließlich zu sagen, daß er, der Kindheit und Jugend doch überwiegend als Perioden von Abhängigkeit und Ausgeliefertsein erlebt hätte, dies nun dadurch aufarbeiten und *kompensieren* wolle, indem er nun selbst derjenige sei, der die Zügel in der Hand hielte und andere nach seinen Vorstellungen beeinflussen könne.

Mein Vater lachte und meinte anerkennend, da sei sicherlich etwas dran. Wenn man davon ausginge, daß die Mehrzahl der psychischen Prozesse unbewußt sei, dann müsse man auch akzeptieren, nie voll und ganz über sich selbst Bescheid wissen zu können. Insofern hätte jeder zu akzeptieren, daß seinem Handeln nicht nur die edlen Motive zugrunde liegen, die man selbst anführen könne, sondern möglicherweise auch fragwürdige und unsoziale Beweggründe, die durch *Verdrängung* und andere *Abwehrmechanismen* nicht bewußt seien.

Auch ich müsse mich ja fragen lassen, sagte er dann, wieso ich mich denn für das Studium der *Pädagogik* entschieden habe, obwohl ich in der Familie von warnenden Beispielen umzingelt sei. Es war mir klar, daß er das nicht so meinte, da er seinen Beruf ernst nahm und mochte, aber ich wußte auch von seinem Wunsch, seine Tochter eher im künstlerischen Bereich erfolgreich zu sehen.

So klar sei das noch gar nicht, sagte ich dann, in den letzten Tagen sei allerhand in Bewegung geraten in meinem Kopf durch das viele Nachdenken über mich selbst. Dabei fiel mir die Liste ein, die ich gestern abend in dem Theaterbuch aus der 12 entdeckt und für meine biographischen Zwecke abgewandelt hatte. Ich zeigte sie meinem Vater und war gespannt, was er dazu sagen würde.

Annes gesammelte Fragen an sich selbst

Zur Sozialisation

Aus was für einem Elternhaus stammst du? Wo und wie wohnt und lebt ihr? Wie sah dein Alltag als Kind aus? Was weißt du von deinem Vater? Was ist er von Beruf? Was bekommst du davon mit? Was tut er zuhause? Wie tritt er deiner Mutter und dir gegenüber auf? Was magst du an ihm, was nicht? Wie hast du dich ihm gegenüber als Kind verhalten? Was hast du dir von ihm gewünscht? Was hat er dir damals bedeutet? Was hast du von ihm? Was bedeutet er dir heute?

Was weißt du von deiner Mutter? Was tut sie den Tag über? Wie verhält sie sich deinem Vater und dir gegenüber? Was magst du an ihr, was nicht? Wie hast du dich ihr gegenüber als Kind verhalten? Was hast du von ihr bekommen? Was hast du dir von ihr gewünscht? Was hat sie dir als Kind bedeutet? Was hast du von ihr? Was bedeutet sie dir heute?

Welche anderen Menschen (Verwandte, Bekannte, Freunde) haben in deiner Kindheit noch eine Rolle gespielt? Welche? Welche Ereignisse sind dir besonders in Erinnerung geblieben und haben dich geprägt?

Wie hast du dich selbst wahrgenommen und entdeckt? Hast du dich gemocht? Was konntest du am besten? Was konntest du nicht? Wovor hattest du Angst? Wovon hast du geträumt? Wann fühltest du dich am wohlsten? Wann warst du am traurigsten? Was hast du am liebsten getan?

Wie sahst du aus? Mochtest du dein Aussehen? Welche körperlichen Erfahrungen hast du gemacht? Mit wem? Was wußtest du von deiner Sexualität, und welche Erfahrungen hast du gemacht? Hat jemand mit dir darüber gesprochen? Was wußtest du vom anderen Geschlecht?

Welche weiteren Ereignisse, Personen und Beziehungen haben dich bis zum heutigen Tag geprägt?

Zu Schule und Freizeit

Wie sieht dein Schulalltag aus? Wie sieht das zeitliche Nacheinander aus? An welchen Orten arbeitest du? Was bedeutet dir die Schule? Welche Tätigkeiten, welche Inhalte, welche Menschen sind dir wichtig und warum? Wie sieht deine Freizeit aus? Wieviel Zeit steht dir zur Verfügung? Was machst du in der Freizeit? Mit wem? Welche Bedürfnisse bleiben unbefriedigt?

Zum Selbstbild

Wie nimmst du dich und dein Leben wahr? Was sind deine Probleme? Was deine Ängste? Was deine Träume? Was magst du an dir, was nicht? Wie gehst du mit deinen Gefühlen und Bedürfnissen um? Welche Emotionen magst du, welche machen dir Angst? Welches Verhältnis hast du zu deinem Körper und zur Sexualität? Welche Dinge beschäftigen dich am meisten? Wie beeinflussen sie dein Leben und dein Selbstbild? Was ist deine Lieblingstätigkeit?

Zum Verhältnis zum anderen Geschlecht

Was bedeuten dir Männer? Was weißt du von ihnen? Welche Erwartungen hast du an sie? Welche Männer mit welchen Eigenschaften (äußere und innere) magst du, welche nicht, welche machen dir Angst? Wie wünschst du dir, daß sie sich dir gegenüber verhalten sollen? Wie verhalten sie sich nach deiner Erfahrung oder Vorstellung wirklich?

Wie verhältst du dich? Wie möchtest du dich verhalten? Wie nehmen sie dich wahr? Wie möchtest du wahrgenommen werden? Welche Bedürfnisse hast du und wie wünschst du dir, daß sie von anderen befriedigt werden? Von was für einem Partner, von was für einer Beziehung träumst du?

Mein Vater war beeindruckt und meinte, da hätte ich einen guten Griff getan, aber wenn ich das alles beantworten wollte, würde er sich doch Sorgen um die seelische Gesundheit seiner Tochter machen. Ich konnte ihn mit dem Hinweis beruhigen, ich hätte jetzt anderes im Kopf, schließlich wäre, wie er ja wisse, übermorgen die erste Abiturklausur zu überstehen. Selbstverständlich hätte ich über die eine oder andere Frage eine Zeitlang nachgedacht, über manche sogar intensiv, doch sie alle schriftlich zu beantworten würde mir nicht in den Sinn kommen, auch wenn ich mehr Zeit hätte als jetzt.

Er blickte immer noch auf die Liste, und ich merkte, daß ihn etwas beschäftigte. Schließlich sagte er, die Fragen seien ja ursprünglich für Schauspieler gedacht, damit die sich ihre *Rolle* erarbeiten könnten. Ihm sei gerade Shakespeares berühmtes Zitat in den Sinn gekommen, die ganze Welt sei eine Bühne, und er könne das nur bestätigen. Ich stimmte ihm zu, meinte aber, im Gegensatz zum Kind hätte die Schauspielerin immer wieder die Möglichkeit, in einem neuen Stück eine neue Rolle zu spielen. Das Kind habe aber wenig oder gar keinen Einfluß auf das Stück, in dem es ab der Geburt mitspielen müsse, und die Art und Weise, wie es seine Rolle anlege, würde doch zumindest in den ersten Jahren stark von anderen gesteuert.

Man müsse einmal überlegen, sagte er nach einer Weile, in welchem Verhältnis die *Aktivitäten*, bei denen man so handle wie man wolle, zu denjenigen stünden, bei denen man sich ungeliebten Regeln anpasse, sich *Zwängen* unterwerfe, falsche Gefühle vortäusche, Ausreden benutze, um den heißen Brei herum rede usw. Wenn da ein schlechtes Verhältnis herauskäme, wenn das Leben nur schlechtes Theater wäre, in dem man überwiegend jemanden spielt und nicht jemand ist, dann würde es mit der Selbstbestimmung und dem freien *Willen* nicht gut stehen.

Wir schwiegen eine Weile, und ich überlegte, wie es denn bei mir bestellt sei mit der Frage, welchen Anteil mein Wille, meine *Bedürfnisse* an all den Dingen hatten, die ich Tag für Tag tat. Ich war gerade zu einem zufriedenstellenden Ergebnis gekommen, da fragte mein Vater, wie ich mich denn gerüstet fühlte für diese erste große Prüfung in meinem Leben. Noch ginge es mir gut, meinte ich, aber morgen abend würden die Bauchschmerzen, die Nervosität und die Gereiztheit schon kommen. Ich könnte aber aufrichtig sagen, daß ich keine Angst hätte und mich im Stoff ganz sicher fühlte.

Er schaute mich einen Moment schweigend an, nahm mich dann in den Arm und meinte, er hätte keinen Zweifel daran, daß ich am Ende mit mir zufrieden sein könne. So standen wir einen langen Moment da, und ich fühlte mich sehr, sehr wohl.

6. … muß aber vorwärts gelebt werden.

Liebe Anne,

was hatte ich doch gemischte Gefühle, als ich dich auf der Bühne sah mit all den anderen jungen Menschen, die sich dann doch in Schale geworfen hatten und so erwachsen aussahen. Einerseits wurde ich sentimental, wie immer bei solchen Anlässen, das vorsorglich eingesteckte Taschentuch tat gute Dienste. Andererseits packte mich ein Glücksgefühl, als ich dich und die anderen bei euren Liedern und Sketchen sah. Wieder einmal konnte ich erleben, welche Freude du an dir selbst hast und welche Freude du anderen (mir!) bereitest.

Du wirst mir verzeihen, denn du kennst ja deinen Vater, wenn ich dir an dieser Stelle deines Lebenslaufs ein paar Gedanken auf den Weg gebe, die mir in den letzten Wochen in den Kopf gekommen sind, als wir uns so spannend unterhalten haben. Zugegeben, es sind Ratschläge, und nichts wünscht sich der junge Erwachsene weniger, als über die Gestaltung seines weiteren Lebens mit klugen Sprüchen belehrt zu werden. Ich bin mir jedoch sicher, sie gefallen dir alle und denke, daß sie einiges von dem ausdrücken, was ich mir in meinem halben Jahrhundert Leben an „Weisheit" angeeignet habe.

Anfangen will ich mit einer schlichten Erkenntnis, die der dänische Philosoph Kierkegaard formuliert hat: Das Leben kann nur rückwärts verstanden werden, muß aber vorwärts gelebt werden. Wir haben uns ja in den letzten Wochen erfolgreich Mühe gegeben, den ersten Teil dieser Feststellung in die Tat umzusetzen. Der zweite Teil soll dich daran erinnern, daß der Blick zurück immer nur ein kurzer sein soll im Vergleich zu denen, die du auf deine Gegenwart und Zukunft richtest.

Wenn du nun, woran ohnehin nicht zu zweifeln ist, überwiegend beherzt nach vorne schaust, dann gilt es einen Rat zu befolgen, der von Franz Kafka stammt: Verbringe nicht die Zeit mit der Suche nach Hindernissen – vielleicht ist keines da. Dieser Spruch hat mir immer besonders gut gefallen, weil er einen Fehler in genial einfache Worte kleidet, den ich in meinem Leben häufig gemacht habe und der mich auf manche Umwege und Holzwege gebracht hat, obwohl der direkte Weg möglich gewesen wäre.

Schließlich hätte ich da noch ein chinesisches Sprichwort, das mir auch ans Herz gewachsen ist, weil es das ausdrückt, was mir trotz all der Umwege und Holzwege gelungen ist: Du kannst nicht verhindern, daß die Vögel der Sorgen über deinem Kopf fliegen, aber du kannst verhindern, daß sie Nester in deinem Haar bauen. Ich hoffe (mit einiger Sicherheit), wir haben dir die Mittel mitgegeben, mit denen du den Nesterbau dieser Vögel abwehren kannst.

So, geliebte Tochter, nun ist Schluß mit den guten Ratschlägen. Ich bin gespannt, was du nun aus deinem Leben machst, und du kannst sicher sein, daß ich immer mit ganzem Herzen bei dir bin. Einen allerletzten Hinweis gibt es dann doch noch, der ein verspäteter Beitrag ist zu unserem Gespräch über das Leben und das Theater und das Theater mit dem Leben: Sei du selbst. Wer könnte das besser als du?

Lexikon

Abhängigkeit

Von A. spricht man z. B. dann, wenn eine Person eine andere Person stark braucht, um die eigenen *Bedürfnisse* befriedigen zu können. A. kann aber auch wirtschaftlicher, gefühlsmäßiger oder anderer Art sein. Beispiel: A. des hilflosen Kindes von seiner Mutter. Bei A. von Genußmitteln wie Alkohol oder anderen Rauschgiften spricht man auch von *Sucht* oder Drogenabhängigkeit.

Man spricht von kausaler A. zweier Ereignisse, wenn das eine die Folge des anderen ist. Beispiel: Alkohol verringert die Fahrtüchtigkeit; die verringerte Fahrtüchtigkeit ist kausal abhängig vom Alkoholkonsum. In der *Statistik* spricht man von abhängigen und unabhängigen *Variablen*. Wenn eine Variable (z. B. der Schulerfolg) statistisch vorhergesagt werden soll, dann nennt man diese Variable abhängig. Diejenigen, die für die Vorhersage benutzt werden (z. B. Fleiß und Intelligenz), nennt man die unabhängigen Variablen.

Ablösung

Bezeichnung für die Auflösung einer seelischen *Abhängigkeitsbeziehung* zwischen Menschen, vor allem zwischen Kindern bzw. Jugendlichen von der elterlichen *Autorität*. Die Lösung der Bindungen erfolgt im Verlauf der individuellen Entwicklung, meist zur Zeit der *Pubertät*. Die A. zeigt sich in Form von kritischer Distanz und ist entscheidende Voraussetzung für die Persönlichkeitsentwicklung des Menschen, um in der Erwachsenenwelt bestehen zu können. In der *Psychoanalyse* bezeichnet man als A. die Auflösung der seelischen Bindung des Analysanden (Patienten) an den Psychoanalytiker.

Abwehrmechanismus

Der Begriff stammt aus der *Psychoanalyse* und wurde von Sigmund FREUD und seiner Tochter Anna FREUD eingeführt. Als Abwehrmechanismen werden unterschiedliche Arten von Verhaltensweisen bezeichnet, die den Menschen vor seelischen *Konflikten* schützen sollen. Peinliche *Triebregungen*, Schuld-, Ekel- und Schamgefühle sowie unerträgliche Vorstellungen sollen mithilfe des A. unterdrückt oder ausgeschaltet werden. Zu den Abwehrmechanismen zählen: *Verdrängung, Regression, Reaktionsbildung, Isolation, Projektion, Introjektion, Verleugnung, Rationalisierung, Kompensation* und *Sublimierung*.

Abwehrmechanismen setzen meist *unbewußt* ein und werden nach psychoanalytischer Auffassung schon in der kindlichen Einstellungs- und Verhaltensentwicklung angewendet. Länger anhaltende und starre Handhabung von Abwehrmechanismen führen nach psychoanalytischer Meinung zu psychischen

Störungen (z. B. *Neurosen*). Für verschiedene Krankheitsbilder sind unterschiedliche Abwehrmechanismen spezifisch, z. B.: Für die *Hysterie* die Verdrängung, für die *Zwangsneurose* die Reaktionsbildung, und für die *Paranoia* die Projektion.

Adoleszenz

Bezeichnung für eine Entwicklungsphase, die mit bzw. nach der *Pubertät* einsetzt und den Übergang in das Jugendalter kennzeichnet. A. gehört zu dem Prozeß des Erwachsenwerdens. In dieser Zeit finden körperliche Veränderungen sowie Veränderungen sozialer Einstellungen und Verhaltensweisen statt, und der Jugendliche löst sich zunehmend von der elterlichen *Autorität*. Bezeichnend für diesen Lebensabschnitt sind zunehmender Selbständigkeits- und Freiheitsdrang sowie wachsendes Selbstbewußtsein und Persönlichkeitsfestigung. Der Jugendliche gliedert sich in die Welt der Erwachsenen und ihre Aufgaben ein.

Affekt

Bezeichnung für ein Gefühl von besonderer Stärke. Der A. entsteht rasch, verläuft heftig und klingt schnell wieder ab. Auslöser sind meist Ereignisse, die eine Person in ihren persönlichen *Bedürfnissen* berühren. Beispiele für A.e: Wut, Schreck, Entsetzen (z. B. nach dem Verlust eines wichtigen Objekts). Mit dem A. treten körperliche Begleiterscheinungen auf wie Blässe, Schweiß oder Tränen.

Aggression

Bezeichnung für ein häufig auftretendes *Verhalten*, das sich in direkten (tätlichen) oder indirekten (verbalen) Angriffen äußert. Beispiel für direkte A.: Körperverletzung (jemanden schlagen, beißen, treten usw.), Beispiel für indirekte A.: seelische Kränkung (jemanden herabsetzen, entwerten usw.). A. tritt oft als Reaktion in Erscheinung, und zwar dann, wenn einer Person eine wirkliche oder scheinbare Minderung der eigenen *Macht* droht. In erster Linie richtet sich die A. gegen andere Personen und/oder Gegenstände. Sie kann sich aber auch gegen die eigene Person richten. Dies geschieht dann, wenn die A. zum Zweck der sozialen *Anpassung* verdrängt werden muß. Verdrängte A. zeigt sich in Selbsthaß, Selbstzerstörung und Selbstmord (Autoaggression).

Agoraphobie

Bezeichnung für die *Angst*, große freie Flächen, Plätze oder Straßen zu überqueren. A. ist häufig mit innerer Unruhe und Schwindelgefühlen verbunden. Die Angst hindert die betroffenen Menschen meist daran, ihre Wohnung bzw. ihr gewohntes und nahes Umfeld zu verlassen. Befindet sich eine vertraute Begleitperson in der Nähe, wird die Angst für den Betroffenen erträglich bzw.

kann auch ganz verschwinden. A. tritt meistens bei *neurotischen* Störungen auf. Es wird angenommen, daß hinter dieser Angst unbewußte Trennungswünsche stehen.

Aktivität

Allgemeine Bezeichnung für die Gesamtheit der äußeren und inneren Organismusvorgänge. Der Begriff wird sowohl auf *psychologische* wie auch auf *physiologische* Sachverhalte angewendet. A. wird auch mit Tätigkeit übersetzt und gilt als das wichtigste Merkmal des Lebens.

Akzeleration

Allgemeine Bezeichnung für eine Entwicklungsbeschleunigung wie z.B. die des Wachstums und der körperlichen Reifungsprozesse im Vergleich zu früheren Generationen. Seit Mitte des 19. Jahrhunderts läßt sich eine Entwicklungsbeschleunigung in hochzivilisierten Industrieländern nachweisen: Zuwachs an Körpergröße, Körpergewicht und eine Vorverlegung der *Geschlechtsreife*. Die A. scheint zivilisationsgebunden und speziell von der städtischen *Kultur* abhängig zu sein. Neben veränderten Umwelt- und Arbeitsbedingungen werden weiterhin Ernährungsveränderungen und Reizüberflutung als Ursache dieser Entwicklungsbeschleunigung angenommen. In einzelnen Fällen kann es zu extremen Frühleistungen auf geistigem Gebiet kommen; man spricht dann von sog. Wunderkindern.

Alter

Der Begriff A. wird unterschieden in das Lebensalter (chronological age), das Entwicklungsalter (development age) und das *Intelligenzalter* (mental age).
1. Unter dem Lebensalter versteht man die Zeit, welche seit der Geburt eines Lebewesens vergangen ist. Die Altersangaben erfolgen in der Regel in Jahren und Monaten.
2. Das Entwicklungsalter bezeichnet das Verhältnis des individuellen Entwicklungsstandes zum Durchschnitt der entsprechenden Altersgruppe. Frühreife (*Akzeleration*) wie auch Entwicklungsrückstände (*Retardierung*) lassen sich mithilfe des Entwicklungsalters sehr gut beschreiben.
3. Das Intelligenzalter bezeichnet den individuellen Stand der intellektuellen Leistungsfähigkeit im Verhältnis zum Durchschnitt einer gleichaltrigen Bezugsgruppe. Mit dem Intelligenzalter lassen sich Vorsprünge oder Rückstände bezüglich der Intelligenz einer Person ausdrücken.

Altruismus

Bezeichnung für Selbstlosigkeit und Hilfsbereitschaft im Denken, Fühlen und Handeln anderen Menschen gegenüber. Altruistische Handlungen können aber auch versteckter, egoistischer Natur sein. Eine altruistische Person, die angeblich selbstlos handelt, steigert ihr *Selbstwertgefühl*, indem sie z. B. Dank oder Lohn für ihre Hilfsbereitschaft erwartet. In der *Sozialpsychologie* wird seit einiger Zeit die Entstehung bzw. das Erlernen des helfenden Verhaltens untersucht.

Ambivalenz

Nach E. BLEULER versteht man unter A. das gleichzeitige Bestehen entgegengesetzter *Gefühle* bezüglich desselben Gegenstands. Beispiel: Gleichzeitige Zuneigung und Abneigung für eine Person, auch Haßliebe genannt. Bleuler beschrieb die A. als eines der vorherrschenden *Symptome* der *Schizophrenie*, erkannte aber auch das Auftreten einer normalpsychologischen A. an. Ambivalente Gefühle treten häufig in der Kindheit auf: Die Eltern werden von den Kindern einerseits geliebt, andererseits wegen bestimmter Erziehungsmaßnahmen auch gehaßt.

anale Phase

Begriff aus der *Psychoanalyse*, der von S. FREUD eingeführt wurde. Die a. P. erfolgt im Anschluß an die *orale Phase* und wird durch die *phallische Phase* abgelöst. Die a. P. liegt in der frühkindlichen Entwicklung etwa zwischen dem zweiten und vierten Lebensjahr. Die a. P. wird weiterhin in eine frühe und eine späte Phase eingeteilt. Die frühe Phase ist gekennzeichnet durch ein Vergnügen am Vorgang der Darmentleerung. Häufig wird der Kot zurückgehalten, um durch eine vergrößerte Masse den Lustgewinn zu erhöhen. In der späten Phase lernt das Kind, den Kot als etwas Wertvolles zu betrachten, das es zurückhalten oder nach Belieben freigeben kann.

Während der a.n P. setzt die Reinlichkeitserziehung ein. Das Kind erlebt, daß die Darmentleerung gut oder böse sein kann, je nachdem, ob sie den Wünschen des Erziehers (Eltern) entspricht oder dem spontanen Bedürfnis des Kindes. Die a. P. ist daher der Anfangspunkt der Auseinandersetzungen um *Macht* und Kontrolle, den eigenen *Willen* zu behalten oder sich einem fremden Willen zu beugen. Das Kind kann in der a.n P. in *Konflikte* geraten, je nachdem, wie von den Erziehern mit der Sauberkeitserziehung umgegangen wird. Nach Freud kann sich daraus im späteren Erwachsenenleben ein sog. analer Charakter entwickeln, der durch Geiz, Pedanterie und Ordnungssinn gekennzeichnet ist.

Analyse

Allgemeine Bezeichnung für das Zerlegen eines Ganzen in seine Einzelteile bzw. eines Vorgangs in seine Teilhandlungen. In der *Psychologie* und *Psychiatrie* ist A. die Kurzform für eine *therapeutische* Behandlungsmethode bei psychischen Störungen.

Analytische Psychologie

Allgemeine Bezeichnung für jede psychologische Forschungsrichtung, die analytisch zergliedernd verfährt. Im engeren Sinn die auf C.G. JUNG (1875-1961) zurückgehende Richtung der *Tiefenpsychologie*, die aus der *Psychoanalyse* S. FREUDs hervorgegangen ist.

Im Gegensatz zur Psychoanalyse versteht Jung unter Libido *keine* sexuelle *Triebregung*, sondern mehr eine allgemeine psychische Energie. *Sexualität* und *Aggression* werden weniger Gewicht beigemessen und die Ganzheitlichkeit des Menschen wird in den Vordergrund gestellt. Jung unterscheidet weiter das persönliche *Unbewußte*, das auch die Archetypen (Urbilder) enthält. Unbewußtes und bewußtes Seelenleben stehen nach Jung in einem Gleichgewicht zueinander, so daß sich die *Psyche* hierdurch selbst reguliert. Jung unterscheidet weiter zwei Persönlichkeitstypen, die *Extravertierten* und *Introvertierten*. Jeder Mensch trägt beide Typen in sich, verkörpert aber im Leben vorzugsweise nur einen Typus.

Anamnese

Bezeichnung für die Krankheits- und Lebensgeschichte des Klienten bzw. Patienten. In einer A. werden Daten zur Lebensgeschichte, zur *Persönlichkeit*, zum Problembereich und zu den sozialen *Beziehungen* des Betroffenen erfragt. Die A. läßt sich in einem offenen Gespräch erfassen oder in speziellen A.-Fragebögen. Durch eine A. kann sich der Psychologe bzw. Arzt ein Bild von dem Klienten bzw. Patienten machen, Zusammenhänge erkennen und eine geeignete *Therapie* einleiten.

Angst

Bezeichnung für ein *Gefühl* der Beklemmung, Bedrückung, Erregung. Personen reagieren mit A. auf Situationen, die gefährlich sind, oder von denen sie annehmen, daß sie es sind. Körperlich äußert sich die A. in *Symptomen* wie Herzrasen, Atemnot, Zittern, Schweißausbruch. Seelische Anzeichen zeigen sich in einem allgemeinen Aufregungs- und schmerzvollen Beklemmungszustand.

Die *Psychoanalyse* unterscheidet zwischen Real-A. und *neurotischer* A.. Unter Real-A. wird eine A. verstanden, die bei einer tatsächlichen Gefahr besteht. Beispiel: Eine Person steht dicht an einem Abgrund. Es gibt kein Geländer, und die Person befürchtet hinabzustürzen. Unter neurotischer A. wird eine A. verstanden, die bei einer objektiv nicht bedrohlichen Situation auftritt. Beispiel: Eine Person steht auf einer Brücke, die mit einem hohen und starken Geländer gesichert ist. Die Person fürchtet dennoch hinabzustürzen und kann vor A. kaum noch atmen.

Die Psychoanalyse erklärt die neurotische A. damit, daß A. vor einer real nicht gefährlichen Situation benutzt wird, um eine tatsächlich bestehende, aber *verdrängte* innere Bedrohung auszudrücken und zu vermeiden. Die neurotische A. wird weiter unterschieden in die *phobiegebundene* A. und die frei flottierende A. Bei der phobiegebundenen A. werden bestimmte Situationen gefürchtet wie z. B. das Überqueren von Plätzen (*Agoraphobie*), der Kontakt mit Hunden usw. Die frei flottierende A. überfällt den Betroffenen plötzlich, ohne sichtbaren äußeren Anlaß. Körperliche Symptome begleiten den Angstzustand: Die Person muß erbrechen, hat einen Anfall von Atemnot oder glaubt, das Herz bliebe stehen.

Anlage und Umwelt

Zwei Bedingungskomplexe bestimmen die Unterschiede zwischen den Menschen: 1. die ererbte Anlage, auch Veranlagung (*Disposition*) genannt, 2. der Umwelteinfluß (z. B. die *Erziehung*). Frühere Theorien, die immer nur einen Komplex als bestimmend annahmen, haben heute ihre Gültigkeit verloren. Inzwischen weiß man, daß die Entwicklung eines Menschen immer das Ergebnis einer Wechselwirkung von Anlage- und Umweltfaktoren darstellt.

Generell kann man davon ausgehen, daß alle Verhaltensweisen eine ererbte Basis haben. Allerdings sind, speziell beim Menschen, alle Verhaltensweisen durch Lernprozesse modifizierbar bzw. auch veränderbar. Weiterhin gibt es biologisch vorgegebene Grenzen, d. h. z. B. daß bei einer erblichen Veranlagung zu einer seelischen Krankheit die Möglichkeiten der *Anpassung* und Umgestaltung von Verhaltensprozessen beschränkt sind.

Der Nachweis von Veranlagung und Umwelteinfluß läßt sich methodisch am unproblematischsten durch die *Zwillingsforschung* belegen. Hier werden speziell eineiige Zwillinge untersucht, die nach der Geburt räumlich getrennt aufgewachsen sind. Erreicht einer der Zwillinge ein höheres intellektuelles Leistungsniveau, wird dieser Unterschied auf den Umwelteinfluß zurückgeführt. Bei den meisten Untersuchungen dieser Art geht es inhaltlich um die Feststellung der unterschiedlichen *Intelligenzquotienten*.

Anorexia nervosa

In der Alltagssprache wird dieser Begriff auch mit Magersucht übersetzt. Die Ursache ist psychisch bedingt. Dieser Zustand kommt fast ausschließlich bei Mädchen oder jungen Frauen im Alter von 12 bis 21 Jahren vor. A. n. äußert sich in der Unfähigkeit zu essen, wobei keine eigentliche Appetitlosigkeit vorliegt. Nimmt der Druck der Umgebung zu, wird auch mit Essen gemogelt oder heimlich Erbrechen provoziert. Oft wird sogar mit Heißhunger gegessen und anschließend sofort erbrochen. Dies geschieht alles mit dem Ziel, das Gewicht möglichst niedrig zu halten. Gewichtsabnahmen bis zu einem Körpergewicht von 30 kg sind häufig und führen in 10 % aller Fälle zum Tod. Bei den Behandlungsmethoden konnten sich *Psychotherapieformen* allgemein nicht durchsetzen. Erzwungene Gewichtszunahmen sind ebenfalls von zweifelhaftem Wert.

Anpassung

In der *Physiologie* versteht man unter A. selbsttätig regulierende Vorgänge, durch die sich Sinnesorgane auf wechselnde *Reizsituationen* einstellen. Beispiel: die A. des Auges an die Dunkelheit. In der Sozialpsychologie meint A. diejenigen Prozesse, durch die sich ein Mensch oder eine *Gruppe* von Menschen in die Umwelt einordnet und deren Regeln übernimmt. In der *Psychiatrie* bezeichnet A. die Abstimmung des *Verhaltens* und Seelenlebens eines Menschen auf die gesellschaftlichen *Normen* seiner Umgebung.

Antrieb

Unter A. versteht man eine ungerichtete Kraft, die jeglichem *Verhalten* des Menschen zugrunde liegt und eine allgemeine Voraussetzung für Denken, Fühlen und Handeln darstellt. Der A. ist als solcher nicht greifbar, man kann ihn nur an seinen Wirkungen erkennen. Jeder Mensch wird durch das ihm eigene Antriebsmuster geprägt; die Lebenssituation wird dadurch mitbestimmt.

Im Laufe eines Lebens werden antriebsstarke Jahre (mittleres Lebensalter) von antriebsnachlassenden Jahren (im Alter) abgelöst. Durch Krankheitsprozesse kann das Antriebsverhalten gestört werden. So kommt es bei endogenen *Depressionen* zu einer Antriebshemmung, bei *Schizophrenie* zu einem Antriebsdefekt. Der A. ist bei organischen Krankheiten, besonders bei Erkrankungen der Stirnhirnkonvexität, gestört.

Autismus

Bezeichnung für eine schwere Kontaktstörung, die häufig in der Kindheit auftritt. A. ist eine Verhaltensstörung, die sich in der Unfähigkeit ausdrückt, gefühlsmäßige Beziehungen zu anderen Menschen aufzunehmen. Das Kind ist verschlossen, schweigsam und still, und auch die Mutter findet keinen Zugang zu ihm. Autisten leben in einer eigenen Gedanken- und Vorstellungswelt. Gegenstände in der Umgebung müssen am gleichen Platz bleiben und auch Gewohnheiten (z.B. Essenszeiten) dürfen sich nicht verändern, da das autistische Kind darauf mit Angst und Panik reagiert. Die Sprache bleibt bei den Betroffenen meist bruchstückhaft. A. ist unterschiedlich stark ausgeprägt.

Mit Methoden wie z.B. der *Verhaltenstherapie* versucht man, das autistische Verhalten des Kindes so zu verändern, daß schrittweise ein dem anderen Menschen zugewandtes Verhalten aufgebaut wird. Die Ursachen des A. sind unbekannt. Es wird u.a. angenommen, daß eine Schädigung des zentralen Nervensystems (*ZNS*) vorliegt. Neuere Untersuchungen haben gezeigt, daß es auch Hinweise für eine Stoffwechselstörung gibt.

Autonomie

Allgemeine Bezeichnung für die Möglichkeit des Menschen, sein *Verhalten* in weitgehender Selbstbestimmung zu regeln. Beispiel: Der Wunsch eines zweijährigen Kindes, selbst mit dem Löffel zu essen und nicht gefüttert werden zu wollen, ist Zeichen seines Autonomiestrebens.

Autorität

Bezeichnung für den *Status* einer Person (z. B. Lehrer), Institution (z. B. Kirche) oder Sache (z. B. Wissenschaft), Mitmenschen in ihren Einstellungen, Meinungen, Bewertungen und Entscheidungen zu beeinflussen und zu lenken. Personen wird häufig aufgrund ihrer *Rolle* innerhalb einer Gruppe A. zuerkannt. Beispiel: Der Lehrer in der Schule wird von seinen Schülern als A. empfunden. A. kann aber auch aufgrund von Fachwissen oder besonderen Fähigkeiten erreicht werden. Beispiel: Ein umfassend ausgebildeter Arzt, der sich auf ein Spezialgebiet festgelegt hat, ist eine A. A. besitzen in jedem Fall solche Menschen, die die Möglichkeit und Fähigkeit haben, Bedürfnisse und Wünsche der anderen Gruppenmitglieder zu erfüllen, wodurch die betroffene Person wiederum an Einfluß gewinnt. Der Begriff A. wird oft synonym mit Kompetenz, *Status* oder Führerpersönlichkeit gebraucht. Wegen seiner vielfältigen Bedeutung empfiehlt es sich, diesen Begriff im jeweiligen Zusammenhang genauer zu bestimmen.

Aversion

Bezeichnung für die gefühlsmäßige Abneigung eines Menschen gegenüber bestimmten Reizen, die von Personen oder Sachen ausgehen können. Beispiel: Gerüche, die Übelkeit auslösen. A. ist meistens mit dem *Antrieb* verbunden, sich abwenden zu wollen. Aversive Reize werden gemieden bzw. lösen eine Vermeidungsreaktion aus. In der *Verhaltenstherapie* wird die Aversionstherapie angewendet, bei der unangenehme Reize eingesetzt werden, um unerwünschtes Verhalten zu verringern bzw. zu beseitigen. Beispiel: Aggressives Verhalten eines Kindes wird mit Fernsehverbot und ähnlichem bestraft.

Bedürfnis

Allgemeine Bezeichnung für ein Antriebserlebnis, das mit dem Streben verbunden ist, einen Mangelzustand zu beseitigen und einen erwünschten Zustand zu erreichen (Bedürfnisbefriedigung). Man unterscheidet dabei zwischen primären und sekundären B.sen. Primäre, biologisch vorgegebene B.se sind z. B. Hunger und Durst. Sekundäre, anerzogene B.se sind z. B. geistig-kulturelle Interessen. Gelderwerb ist ein typisch sekundäres B. Mithilfe des Geldes können z. B. primäre B.se befriedigt werden. Im Alltagsleben des Menschen nehmen die sekundären B.se einen großen Raum ein. Voraussetzung dafür ist, daß die primären B.se zuverlässig befriedigt werden, da sie sonst an Macht gewinnen. („Erst kommt das Fressen, dann die Moral"). Die begriffliche Abgrenzung von B., *Trieb* und *Motiv* ist unscharf.

Begabung

Allgemeine Bezeichnung für eine angeborene und entwicklungsfähige Veranlagung (*Disposition*) zu überdurchschnittlichen Leistungen, z. B. in der Technik, Kunst, Musik usw. Die B. wird von zwei Faktoren bestimmt:

1. von der ererbten *Anlage*,

2. von den Umwelteinflüssen, die die Entfaltung der Anlagen fördern oder hemmen können.

Durch optimale Bedingungen der Umwelt, z. B. durch systematische Schulung und durch persönliche *Antriebe* sowie Interessen, kann B. bis zu einer oberen Leistungsgrenze gesteigert werden. Durch fehlende Reize aus der Umwelt und durch das Ausbleiben persönlicher Antriebe kann eine vorhandene B. verkümmern. B. ist individuell sehr unterschiedlich, sowohl was die Leistungsobergrenze als auch den Bereich der Leistung (z. B. Sport) betrifft. Die geistige B. bezeichnet man als *Intelligenz*. Seit Beginn des 20. Jahrhunderts gibt es die Begabungsforschung. Ihre Hauptaufgabe liegt in der Erforschung der Intelligenz. Die gebräuchlichsten Hilfsmittel zur Feststellung von B. sind verschiedene *Testverfahren*.

Behaviorismus

Bezeichnung für eine einflußreiche psychologische Forschungsrichtung, die von John B. WATSON 1913 begründet wurde und vor allem in den USA vertreten wird. Die bekanntesten Vertreter dieser Schule sind GUTHRIE, HULL, SKINNER, TOLMAN, WATSON. Der B. läßt in seiner extremen Position nur das objektive und meßbare *Verhalten* als Forschungsobjekt zu. Selbstbeobachtung oder die *Analyse* von inneren seelischen Vorgängen werden als unwissenschaftlich abgelehnt.

Der B. hat sich besonders in der Lernpsychologic entfalten können. Die Voraussetzungen für kontrollierte Experimente sowie für *objektive* Verhaltensbeobachtungen und -messungen waren hier relativ günstig. Experimentiert wurde mit Tieren (z. B. Ratten) in klar aufgebauten Versuchssituationen (z. B. im Labyrinth). Untersucht wurden ausschließlich die funktionalen, beobachtbaren Beziehungen zwischen gegebenen *Reizen* und *Reaktionen*. Die Ergebnisse wurden auf das soziale Verhalten des Menschen übertragen.

Der frühe B. ist als reine Reiz-Reaktions-Psychologie zu verstehen, der die dazwischen ablaufenden, nicht beobachtbaren Vorgänge unberücksichtigt ließ. Der spätere Neobehaviorismus hat die intervenierenden *Variablen* (TOLMAN) mit einbezogen, um auch die nicht direkt beobachtbaren Vorgänge im Organismus in den theoretischen Ansatz mit einzubeziehen. Der behavioristische Grundsatz wird dabei nicht verletzt, da die intervenierenden Variablen nur als theoretische Konstrukte angesehen werden. Diese Konstrukte werden durch die Versuchsbedingungen konkretisiert und stehen damit in direkter Beziehung zum beobachtbaren Geschehen (Reiz-Organismus-Reaktions-Psychologie).

Behinderung

Allgemeine Bezeichnung für körperliche, seelische und/oder geistige Mängel, die eine Teilnahme am Leben der Gesellschaft für die Betroffenen stark erschwert. Man unterscheidet:

1. körperliche B. Hierzu zählen körperliche Bewegungsstörungen und Fehlbildungen;
2. geistige B. Durch Schädigung des zentralen Nervensystems (*ZNS*) sind *Psyche,* Intellekt und Lernfähigkeit beeinträchtigt. Diese B. besteht meist von Kindheit an;
3. Lernbehinderung. Durch mangelnde Entwicklungsmöglichkeiten oder auch durch Schädigung des zentralen Nervensystems sind die Lernleistungen beeinträchtigt, so daß z. B. den Anforderungen in der Schule nicht nachgekommen werden kann;
4. seelische B. Die geistige Lernfähigkeit ist beeinträchtigt infolge *psychischer Störungen* wie z. B. bei chronischer *Schizophrenie.*

Belohnung

Allgemeine Bezeichnung für die Wirkung von Ereignissen, die mit angenehmen Empfindungen (z. B. Befriedigung des Hungers) einhergehen und auf bestimmte Reaktionen oder Handlungen folgen. B. verstärkt den Effekt auf eine vorher ausgeführte Handlung oder Reaktion. Durch eine B. wird mit hoher Wahrscheinlichkeit in einer gleichen oder ähnlichen Situation dieselbe Handlung oder Reaktion ausgeführt werden. Beim Menschen gehören neben der Befriedigung von primären biologischen Bedürfnissen (z. B. Hunger) zu den belohnenden Verstärkern ebenfalls alle Arten der direkten oder indirekten positiven *Zuwendung.*

Beobachtung

Allgemeine Bezeichnung für die aufmerksame, planmäßige und zielgerichtete *Wahrnehmung* von Vorgängen an Gegenständen, Ereignissen, Verhaltensweisen von Menschen und Tieren in Abhängigkeit von bestimmten Situationen. Ziel der B. ist es, den Gegenstand des jeweiligen Interesses möglichst genau zu erfassen. Die B. ist eine grundlegende Methode der Datengewinnung und Faktensammlung. Häufig werden geeignete technische Hilfsmittel (z. B. Meßgeräte) hinzugezogen. Im Rahmen der Methodenlehre wird festgelegt, wie eine B. durchzuführen ist, damit sie *objektiv,* zuverlässig und nachprüfbar ist.

Beobachtungslernen

Unter B. versteht man eine Art des Lernens, bei dem durch *Beobachtung* und Nachahmung von Modellen bzw. Vorbildern deren Verhaltensweisen übernommen werden. Dabei ist es nicht notwendig, daß der Beobachter die Reaktion, die er *imitieren* wird, während der Zeit seiner Beobachtung selbst ausführt.

Bestrafung

Allgemeine Bezeichnung für die Wirkung von Ereignissen, die mit unangenehmen und/oder schmerzhaften Empfindungen einhergehen und auf bestimmte Reaktionen oder Handlungen folgen. In früheren *Verstärkungstheorien des Lernens* wurde angenommen, daß B. auf direktem Weg zu einer Hemmung derjenigen *Reaktion* oder *Handlung* führt, die ihr vorausgeht. THORNDIKE stellte fest, daß nachfolgendes *Lernen* in der gleichen Situation, diesmal mit einer *Belohnung*, durch die Erwartung der B. beeinträchtigt war. Durch diese Erkenntnis gab man die ursprüngliche Annahme auf, Belohnung fördere und B. hemme das vorher ausgeführte Verhalten in spiegelbildlicher Weise.

In der Erziehung ist B. allgemein ein häufig angewandtes Erziehungsmittel, das verschiedene Formen haben kann wie z. B. die Abwendung von Aufmerksamkeit oder der Entzug von positiven Reizen (z. B. Kino- oder Fernsehverbot). Aber auch Schläge werden als Strafmittel eingesetzt. Häufig wird B. von den Erziehenden unreflektiert, spontan oder auch aus reiner Bequemlichkeit angewandt. Es sollte daher von den Erziehenden immer geprüft werden, ob die Reaktionen eines Kindes oder eines Jugendlichen nicht auf das eigene Verhalten oder das Fehlverhalten anderer Menschen zurückzuführen ist. Verhaltensänderung durch Strafe erscheint fragwürdig, Belohnung und Anerkennung dagegen wirken leistungsfördernd. Hier werden Kinder und Jugendliche aktiviert und ermutigt, nicht nur im Lernbereich, sondern auch im sozialen Bereich.

Bewußtsein

Begriff, der in den verschiedensten wissenschaftlichen Bereichen verwendet wird. In der *Psychologie* wird B. hauptsächlich auf die bewußte – im Gegensatz zur *unbewußten* – Verhaltenssteuerung bezogen. In der *Psychoanalyse* wird das B. den *Ich*-Funktionen zugeordnet, d. h. es dient dem Menschen bei der Orientierung in der Realität sowie bei seiner Anpassung an die Realität. In der *Physiologie* wird der Gegensatz zu bewußt mit bewußtlos bezeichnet. B. im Sinne von Wachheit hängt eng mit bestimmten Zuständen des Zentralnervensystems (*ZNS*) zusammen.

Beziehung

Bezeichnung für die emotionale Verbindung zwischen zwei oder mehreren Menschen. Der Begriff B. wird häufig auch synonym für eine enge, dauerhafte *Bindung* zwischen zwei Menschen gebraucht. Beispiel: Helga und Günther haben seit vielen Jahren eine feste B. Unter B. versteht man weiterhin die wechselseitigen Einwirkungen und Verhaltensformen zwischen Institutionen einer Gesellschaft bzw. zwischen verschiedenen Gesellschaftsformen.

Bezugsperson

Bezeichnung für eine Person, zu der eine besondere Gefühlsbindung besteht. Aufgrund eines intensiven sozialen Kontaktes zwischen der B. und einer anderen Person bietet die B. eine Orientierungsgrundlage für Verhalten, Handlungen und Meinungen. Beispiel: Für Kinder sind B.en (z. B. Vater, Mutter, Lehrer) besonders wichtig, damit eine stabile *Beziehung* aufgebaut werden kann. Dies wiederum ist förderlich für das Vertrauen in die Umwelt und in die eigene Person. Wenn B.en. fehlen, kann es zu Kontaktarmut und Isolation kommen (*Hospitalismus*).

Bildung

Allgemeine Bezeichnung sowohl für den Vorgang als auch für das Ergebnis einer Formung des Menschen, die durch die Auseinandersetzung mit der Welt und den Gehalten der *Kultur* vor sich geht. Der Begriff B. und das ihm zugrunde liegende Bildungsideal sind abhängig von gesellschaftlichen bzw. kulturellen Faktoren und einem historischen Wandel unterworfen. Zum ersten Mal tritt der Begriff B. im Spätmittelalter auf; hier hat er religiöse bzw. philosophische Bedeutung. Bildung bedeutete die Hinwendung der Seele zu Gott, indem sich der Mensch von allen irdischen Problemen löste.

Im Zusammenhang von Aufklärung und Neuhumanismus wurde B. zu einem pädagogischen Fachbegriff. Durch Auseinandersetzung mit alten Sprachen, Literaturen und Kulturen sollte der Geist dazu befähigt werden, das eigene Leben und die eigene Welt zu verstehen. Ziele dieser Bildung waren Freiheit des Geistes, Weltoffenheit und Individualität. Der Begriff B. trat neben den herkömmlichen Begriff *Erziehung*. Während bei diesem im Vordergrund stand, daß der heranwachsende Mensch durch Erwachsene geformt und zu Lebenstüchtigkeit und Mündigkeit geführt wurde, betonte der humanistische B.begriff die Eigentätigkeit und Selbstbestimmung des sich bildenden Menschen, der seine individuellen Anlagen möglichst vollkommen ausbildet.

Der Begriff ist auch heute umstritten, die Grenzen zum Begriff Erziehung sind fließend. Meist wird B. als individueller und zugleich auf die Gesellschaft bezogener Lern- und Entwicklungsprozeß verstanden, der sowohl den Anspruch auf Selbstbestimmung, auf Sinnfindung für das eigene Leben und die Anerkennung dieses Anspruchs für andere Menschen als auch die Mitverantwortung für die Gestaltung der zwischenmenschlichen Beziehungen und der ökonomischen, ökologischen, gesellschaftlichen, politischen und kulturellen Verhältnisse umfaßt.

Bindung

Bezeichnung für eine anhaltende emotionale Beziehung zwischen Menschen. Dies kann sich auch in Form von Kontaktsuche ausdrücken. Beispiel: Das sog. Fremdeln bei einem 8 Monate alten Baby. Angesichts fremder Personen wird das Baby die Nähe zu seiner Mutter suchen. Wichtige Bindungselemente beim Menschen sind z. B. gemeinsame Erlebnisse, gemeinsame Werte, eine gemeinsame Sprache usw. Beispiel: Zwei Landsleute treffen sich im Ausland und fühlen sich durch ihre gemeinsame Sprache miteinander verbunden.

Die seelische Bindungsfähigkeit ist eine wichtige Voraussetzung für die Gemüts- und Persönlichkeitsentwicklung eines Menschen. Durch längere Aufenthalte in einem Säuglingsheim oder durch psychisch kranke Eltern oder Bezugspersonen kann diese Bindungsfähigkeit gestört werden (*Hospitalismus*) und verursacht Störungen in der Persönlichkeitsentwicklung und im sozialen Verhalten des Menschen.

Bulimie

Bezeichnung für einen krankhaften Heißhunger. Der Appetit ist bis ins Extreme gesteigert. Die aufgenommene Nahrung wird im Anschluß meistens absichtlich wieder erbrochen. Die B. ist gesundheitlich weniger auffällig und bedrohlich als die Magersucht (*Anorexia nervosa*). In schweren Fällen kommt es bei der B. durch das häufige Erbrechen zu körperlichen Schäden, z. B. durch Verluste an Eiweiß und Mineralstoffen. Die Ursachen sind meist *psychisch* und eine Folge seelischer Fehlhaltungen. Wie bei allen Eßstörungen ist die Nahrung ein Ersatz für die emotionale *Abhängigkeit* von Menschen, die als bedrohlich empfunden wird.

Charakter

Begriff aus dem Griechischen, der mit Eingeritztes bzw. Geprägtes übersetzt werden kann. Anstelle des Begriffs C. verwendet man heute vermehrt den Begriff der *Persönlichkeit*. C. beschreibt alle wesentlichen Verhaltens- und Einstellungsmerkmale sowie Handlungsweisen, die das Besondere eines Menschen, Tieres oder Volkes ausmachen. Der C. eines Menschen entwickelt sich aus ererbten Anlagen und erworbenen Einstellungen bzw. Erfahrungen. Charaktereigenschaften sind relativ stabil und überdauernd. Im Alltag wird der Begriff C. häufig auf die sittlichen und *moralischen* Eigenheiten eines Menschen bezogen. In der Psychologie bedeutet C. jedoch immer die individuelle und besondere Ausprägung von Veranlagungen. Beispiel: Charaktereigenschaften wie *Begabungen*, Interessen, *Triebe*, *Bedürfnisse* usw.

Chromosomen

Menschen, Pflanzen und Tiere besitzen in jeder ihrer *Körperzellen* eine bestimmte Anzahl von C., den sog. Chromosomensatz. Der Chromosomensatz ist diploid, d. h. daß jedes Chromosom doppelt vorhanden ist. Die C. sind in Chromosomenpaaren angelegt. Bei der Reifung männlicher und weiblicher Fortpflanzungszellen werden die Paare getrennt, die Geschlechtszellen enthalten nur noch einfache (haploide) Sätze. Bei der Verschmelzung der Geschlechtszellen bilden diese dann wieder einen doppelten Satz.

Die Körperzellen des Menschen enthalten 46 C. Diese gliedern sich in 22 Autosomenpaare und ein Paar Geschlechtschromosomen, die die Ausbildung der Geschlechtsmerkmale festlegen. Eine Frau besitzt zwei X-C., ein Mann ein X- und ein Y-Chromosom.

In den C. findet sich die gesamte Erbsubstanz des menschlichen Körpers in *Genen* verschlüsselt wieder. Diese Gene bestehen beim Menschen, aber auch bei anderen Organismen, aus DNS (Desoxyribonukleinsäure). Die DNS ist sozusagen der Stoff, aus dem das Leben ist.

Code

Allgemeine Bezeichnung für die Verschlüsselungsvorschrift für Informationen (auch Chiffrierschlüssel), z.B. bei Datenverarbeitungsanlagen. Die Tätigkeit des Verschlüsselns nennt man Codierung, die des Entschlüsselns Decodierung. Von C. spricht man aber auch bei der Zellgenese. Hier meint C. das Übertragungsmuster, nach welchem die Desoxyribonukleinsäure (DNS) und Ribonukleinsäure (RNS) die Entwicklung der *Zelle* steuern.

Demenz

Begriff, der hauptsächlich in der *Psychiatrie* verwendet wird und einen Abbau der *Intelligenz*, häufig durch fortgeschrittene *Psychosen* verursacht, bezeichnet. Als senile D. bezeichnet man den Verlust an *Intelligenz* im hohen Alter. Ab dem 70. Lebensjahr tritt ein Schwund des Hirngewebes ein. Die typischen Demenzerscheinungen sind hochgradige Merkschwäche, Auffassungs- und Konzentrationsstörungen, Desorientiertheit, Verlangsamung aller psychischen Abläufe usw. Ist von Geburt an ein Intelligenzmangel vorhanden (z.B. durch hirnorganische Schädigungen), spricht man nicht von D., sondern von geistiger *Behinderung*.

Denken

Bezeichnung für einen psychischen Vorgang der Informationsverarbeitung, in dessen Verlauf ein Gegenstand, ein Problem, eine Situation oder ein Aspekt erfaßt und verarbeitet wird. Wahrnehmungen, Erinnerungen und Vorstellungen werden so miteinander in Beziehung gebracht, daß Probleme gelöst, Gesetzmäßigkeiten erkannt, Handlungsabläufe bestimmt und neue Beziehungen entdeckt werden können. In den Prozeß des D.s gehen Vorgänge wie überlegen, beurteilen, abstrahieren, Schlußfolgerungen ziehen usw. mit ein.

Auf der vorsprachlichen Denkstufe werden Sinneseindrücke und bereits erworbene Handlungsmuster in konkreten Situationen in Zusammenhang gebracht. Auf der bildhaft-anschaulichen Denkstufe werden konkrete Vorstellungen (z.B. Bilder) als Denkelemente benutzt und miteinander verbunden. Das abstrakte D. benutzt neben den direkten Sinneswahrnehmungen und konkreten Vorstellungen *Symbole*. Dadurch wird das D. effektiv und von der konkreten Situation losgelöst. Der Mensch lernt die Symbole (z. B. Begriffe) und kann sie inhaltlich verändern. Dadurch ist das symbolhafte abstrakte D. sehr anpassungsfähig: Mehrere Lösungswege können schnell durchgespielt werden und ermöglichen so weiterführende Ergebnisse. Sprache und D. stehen in einem engen Zusammenhang, doch ist abstraktes D. nicht unbedingt an Sprache gebunden. Dies zeigten Untersuchungen mit Menschen, die keine Sprechfähigkeit besitzen.

D. ist ein grundlegender psychischer Prozeß, und es gibt neben der genannten Gliederung zahlreiche andere Theorien über das D. Verschiedene Forschungsrichtungen zeigen das auf: Die Vertreter der Assoziationslehre gehen davon aus, daß D. die Verknüpfung konkreter Vorstellungen sei. Die Anhänger der Würzburger Schule behaupten dagegen, daß Assoziationen ungerichtet sind und D. ein gerichteter Prozeß ist, der häufig keine konkreten Vorstellungen benutzt. Die *Gestaltpsychologie* glaubt, daß sich D. durch die Wahrnehmung einer Struktur vollziehe. Man unterscheidet weiterhin zwischen verschiedenen Typen des D.s:

1. zergliederndes (analytisches) D.: Einzelne Denkoperationen erfolgen unter hoher Bewußtseinskontrolle ganz systematisch nach den Regeln der Logik.
2. intuitives D.: Der Denkablauf ist sprunghaft. Plötzliche Einfälle stellen sich unter geringer Bewußtseinskontrolle ein, manchmal auch unbewußt.
3. produktives, schöpferisches D.: Hier kommt es zu neuen, von der Gewohnheit abweichenden Erkenntnissen. Der Denkgegenstand wird in einer Art betrachtet, wie es nicht üblich ist. Dadurch ist es möglich, den Denkgegenstand in Sinneszusammenhänge einzuordnen, die eine unerwartete und einmalige Lösung des Problems darstellen.
4. konvergentes D.: Probleme werden durch die Übernahme oder Anwendung von bereits Gedachtem gelöst.

Depersonalisation

Bezeichnung für einen *psychischen* Vorgang, bei dem sowohl das eigene *Ich* wie auch die Umwelt fremd und unwirklich erscheinen. Ebenfalls können der eigene Körper bzw. einzelne Körperteile als fremdartig, nicht dem Ich zugehörig, empfunden werden. Erlebnisse und Handlungen haben für den Betroffenen oft einen unwirklichen Charakter und werden nicht mehr auf die eigene Person bezogen, sondern wie aus der Zuschauerrolle heraus betrachtet. D. tritt bei Tumoren, Hirnläsionen, psychischer Erschöpfung, psychischen Krisen, aber auch bei bestimmten *Neurosen, Zwangskrankheiten* und (beginnender) *Schizophrenie* auf.

Depression

Bezeichnung für eine weit verbreitete Form der *psychischen Störung*, die sich je nach Art und Schwere in unterschiedlichen *Symptomen* äußert wie z. B. gedrückte Stimmungslage, Ängstlichkeit, Selbstunsicherheit, Erschöpfung, Hilflosigkeit, Hoffnungslosigkeit usw. Diese Gefühle können sich durch den Eindruck der Ausweglosigkeit bis hin zu Selbstmordgedanken steigern. Die an D. erkrankten Menschen leiden zusätzlich meist noch unter körperlichen Störungen wie z. B. Schlaflosigkeit, Appetitlosigkeit, Kopf- oder Herzschmerzen usw., ohne daß eine organische Ursache feststellbar ist. Sprache und Bewegung ist bei den meisten Depressiven verlangsamt, der Gesichtsausdruck traurig und bekümmert, und das Konzentrationsvermögen ist häufig stark beeinträchtigt. Je nachdem, ob körperliche, erbliche, psychische oder soziale Ursachen vorherrschen, unterscheidet man die Depressionsformen wie folgt:

1. somatogene D.: tritt auf als Begleiterscheinung bei körperlichen Erkrankungen oder bei feststellbarer Veränderung des Gehirns (hirnorganische Schädigungen);
2. endogene D.: anlagebedingte Ursachen; tritt in phasischen Abständen auf, meist wechselnd mit übertrieben heiteren, *manischen* Zuständen (die sog. manisch-depressive Erkrankung);
3. *neurotische* D.: tritt meist auf im Zusammenhang mit einem aktuellen Ereignis. Als Ursache werden verdrängte innere *Konflikte* in der Kindheit angenommen;
4. reaktive D.: tritt auf als Folge von belastenden Ereignissen und Streß;
5. Erschöpfungs-D.: tritt auf bei chronischen somatischen und psychischen Überlastungen.

Der Wert dieser Einteilungsform ist jedoch umstritten, da die einzelnen Depressionsformen schwer zu unterscheiden sind und eine Zuordnung in der Regel nicht eindeutig möglich ist. D.en werden unterschiedlich behandelt. Hauptsächlich geschieht dies durch eine ermutigende und stützende *Psychotherapie*, vor allem deshalb, um den Selbstmordabsichten entgegenzuwirken und um das *Selbstwertgefühl* wieder aufzubauen. Weiterhin ist eine Beseitigung der depressionsfördernden Umweltbedingungen wichtig. In vielen Fällen werden auch stimmungsaufhellende Medikamente (Stimulantien) verabreicht, die sog. Antidepressiva.

Deprivation

Allgemeine Bezeichnung für einen Zustand des Entzugs, des Mangels oder der Entbehrung. Als sensorische D. bezeichnet man eine langanhaltende und vollständige Ausschaltung aller Sinneseindrücke beim Menschen. Beispiel: Eine Versuchsperson wird in einem ruhigen, dunklen Raum auf eine Liege gelegt und festgebunden, so daß sie sich nicht mehr bewegen kann. Als Folge dieses Zustands steigt bei der Person das Verlangen nach Sinnesreizen und Körperbewegung. Je länger dieser Zustand der D. andauert, desto mehr lassen sich bei dem Betroffenen Störungen des normalen Denkablaufs, Konzentrationsschwäche, *depressive* Verstimmungen und in einzelnen Fällen auch Halluzinationen beobachten.

Bei der sozialen D. spricht man auch von sozialer *Isolation*. Die Wirkung der sozialen D. wurde in Labor- und Feldstudien, u. a. für die Luftfahrt, aber auch an verwaisten *hospitalisierten* Kindern untersucht. Soziale Isolation hat schwerwiegende Auswirkungen auf das Wohlempfinden des Menschen, seine Leistungsfähigkeit sowie auf seine Persönlichkeitsentwicklung und kann zu *neurotischen* Erkrankungen führen.

Desensibilisierung

Bezeichnung für eine Technik in der *Verhaltenstherapie*. Die Behandlungsmethode wurde von J. WOLPE (1962) entwickelt und beruht auf dem Prinzip der kleinen Schritte. Patienten mit *Phobien* oder *neurotischen* Störungen lernen, sich allmählich an gefürchtete Situationen oder Objekte anzunähern. Beispiel: Eine Person fürchtet sich vor Spinnen. Unter Entspannungsübungen (z. B. autogenes Training) wird ihr beigebracht, sich Bilder von Spinnen anzusehen. Die Bilder werden im Laufe der Zeit immer lebensnäher, und am Ende können dann auch lebendige Spinnen in Ruhe und angstfrei betrachtet und angefaßt werden.

Devianz

Allgemeine Bezeichnung für eine Abweichung des Verhaltens einer Person von der *Norm*. Dabei bleibt ungeklärt, was unter einem normalen Verhalten in einer Gesellschaft zu verstehen ist. Die Bezeichnung deviantes Verhalten wird häufig synonym verwendet für gestörtes oder krankhaftes Verhalten. Manchmal wird auch kriminelles Verhalten darunter verstanden.

Diagnose

Allgemeine Bezeichnung für die Feststellung und Klassifikation von psychischen bzw. physischen Zuständen anhand beobachtbarer *Symptome* oder von Untersuchungsergebnissen (Medizin). Eine D. wird nach Anwendung diagnostischer Verfahren (z. B. *Tests*, Verhaltensanalysen usw.) erstellt. Die D. ist ein wichtiges Hilfsmittel in der diagnostischen Psychologie und Voraussetzung vieler heilpädagogischer, psychotherapeutischer oder psychagogischer Maßnahmen.

Differentielle Psychologie

Die D. P. ist ein Teilgebiet der Psychologie und wurde unter dieser Bezeichnung von dem deutschen Psychologen und Philosophen William STERN (1871-1938) eingeführt. Die D. P. beschäftigt sich mit den Unterschieden im Erleben und *Verhalten* zwischen einzelnen Menschen bzw. zwischen Gruppen von Menschen, versucht diese zu beschreiben und auf ihre Bedingungen zurückzuführen. Die D. P. wurde in ihrer Bedeutung umso größer, je mehr Psychologie im Alltag angewendet wurde (z. B. in Schulen, in Kliniken, bei Gerichten usw.).

Menschen verhalten sich aufgrund ihrer unterschiedlichen Ausprägung von *Fähigkeiten, Bedürfnissen* und *Emotionen* in gleichen Situationen oft recht unterschiedlich. Um ein Verhalten vorhersagen zu können, müssen daher allgemeine Gesetzmäßigkeiten und individuelle Persönlichkeitsstrukturen berücksichtigt werden. Die D. P. versucht, die typische Ausprägung und *Wechselwirkung* zwischen mehreren psychischen Merkmalen (z. B. *Intelligenz, Gefühle, Bedürfnisse* usw.) für bestimmte Altersstufen, Geschlechter, Berufe usw. festzustellen.

Differenzierung

Allgemeine Bezeichnung für die *Entwicklung* verschiedener Funktionen und Fähigkeiten aus einem globalen Organismus. In der *Psychologie* wird dieser Begriff in zweifacher Bedeutung verwendet:

1. D. als kognitiver Prozeß: Bezeichnung für die Fähigkeit des Menschen, zwei (oder mehrere) Umweltreize zu unterscheiden und/oder unterschiedlich auf diese zu reagieren.

2. D. als *entwicklungspsychologischer* Vorgang: Bezeichnung für den Weg des Organismus (psychisch und physisch), sich während seines Entwicklungsverlaufs von relativ einfachen zu ausgestalteten Verhaltensweisen zu differenzieren. Beispiele: Die Entwicklung vom Einzeller zum Mehrzeller; die Entwicklung der Feinmotorik aus relativ unkontrollierten Bewegungsabläufen (z. B. beim Klavierspielen).

D. ist im biologisch-physiologischen Bereich genauso anzutreffen wie im psychischen Bereich. Bei jedem Menschen entstehen aus einer ganzheitlichen Anlage einzelne Fähigkeiten, Fertigkeiten, Qualitäten, Motivationen, Interessen usw., die ihn zur Lösung von spezifischen Aufgaben befähigen.

Disposition

Bezeichnung für eine individuell unterschiedliche, relativ dauerhaft wirkende Bereitschaft, auf bestimmte Umweltbedingungen mit bestimmten *Verhaltensweisen, Symptomen* oder anderen Eigenarten zu reagieren. Eine D. kann angeboren oder erworben sein, sie kann aber auch auf ein Zusammenwirken von *Anlage und Umwelt* zurückgeführt werden. Nach G. W. ALLPORT lassen sich drei Gruppen von D.en unterscheiden:

1. allgemein lebensnotwendige Anlagen (z. B. *Trieb, Reflex,* Instinkt),
2. besondere Anlagen, die die *Persönlichkeit* in ihrer Einmaligkeit bestimmen (bestimmte Fähigkeiten),
3. zusätzliche Fähigkeiten, die die Persönlichkeit weitergehend akzentuieren (bestimmte Fertigkeiten).

DNS

In der *Zelle* werden zwei Grundformen von Nukleinsäuren gebildet, die Desoxyribonukleinsäuren (DNS) und die Ribonucleinsäuren (RNS). Die DNS bilden zusammen mit den Kerneiweißsubstanzen die Hauptbestandteile der *Chromosomen*. Sie finden sich bei Pflanzen und Tieren im Zellkern (*Nucleus*). In den Chromosomen sind die DNS Träger der Erbanlagen.

Dogma

Allgemeine Bezeichnung für ein mehr oder weniger unkritisches und unbelehrbares Verharren auf einer bestimmten Meinung oder Lehre. In der Psychologie versteht man nach M. ROKEACH (1960) unter D. das besondere Merkmal einer Persönlichkeitsstruktur, das durch eine Geschlossenheit des Denkverlaufs gekennzeichnet ist. Damit geht gleichzeitig die Unfähigkeit des Menschen einher, in Situationen oder an Personen die Vielzahl unterschiedlicher Merkmale differenzieren und erkennen zu können.

Durch ein D. wird die Flexibilität von Meinungen und Einstellungen erschwert. Meinungs- und Einstellungsänderungen sind aber nur möglich, wenn sich der Denkrahmen ändert. Nach Rokeach begünstigt ein D. weiterhin das Auftreten von Vorurteilen, Autoritarismus und Intoleranz.

Down-Syndrom

Das D.-S. ist eine angeborene Form eines körperlichen und geistigen Störungsbildes, das bei beiden Geschlechtern auftritt und 1866 erstmals von DOWN beschrieben wurde. Grundlage ist eine *Chromosomenanomalie*. Die *Symptome* äußern sich in meist schwerem Schwachsinn bei lebhafter, kontaktfreudiger Wesensart. Die Entwicklung ist verzögert, gleichzeitig liegt ein Minderwuchs vor. Auffallend ist die mongoloide Schrägstellung der Augen (daher auch als Mongolismus bezeichnet) und die mediale Lidfalte. Der Schädel ist kurz, die Nase breit und die Zunge ist groß und stark gefurcht. Der Mund steht meist offen. Es gibt Mißbildungen an Fingern und Händen als auch Fehlbildungen der inneren Organe (Herz, Skelett). Die Lebenserwartung ist durchschnittlich deutlich geringer. Die Fortpflanzungsfähigkeit ist stark eingeschränkt. Personen mit D.-S. sind wegen ihrer geistigen Behinderung nicht zu selbständiger Lebensführung fähig.

Auf ca. 600 Geburten entfällt ein Kind mit D.-S. Die Risikowahrscheinlichkeit für die Geburt eines Kindes mit D.-S. nimmt mit zunehmendem Alter der Mutter (ab 35 Jahren) zu. Das D.-S. ist die häufigste Chromosomenanomalie; sie wird in der Regel aber nicht vererbt.

Effekt-Gesetz

Bezeichnung für ein von THORNDIKE (1874-1949) aufgestelltes Gesetz, das besagt, daß *Handlungen*, auf die ein befriedigender Zustand folgt, besonders gut im Gedächtnis behalten und auch häufiger ausgeführt werden. Dies bezieht sich vor allem auf die Zustände, die mit einer *Belohnung* oder einem Erfolg gekoppelt sind.

Elektra-Komplex

Bezeichnung für die weibliche Entsprechung des Ödipus-*Komplexes*. Der Begriff wurde von C.G. JUNG eingeführt und bezeichnet die überstarke *Bindung* der Tochter an den Vater bei gleichzeitiger Feindseligkeit gegenüber der Mutter. So wie der Junge in der ödipalen Phase seine Mutter zu lieben und mit dem Vater zu rivalisieren beginnt, so wendet sich das Mädchen dem Vater zu und rivalisiert mit der Mutter um dessen Gunst. Durch *Verdrängung* eines Teils der Liebeswünsche nach dem Vater und durch die *Identifikation* mit der Mutter wird der E.-K. überwunden. Unvollständige Überwindung kann später *neurotische* Störungen hervorrufen.

Emotion

Bezeichnung für ein persönliches, *subjektives* Erleben von inneren *Reizen* (z.B. Körperempfindungen, äußeren Reizen (z.B. Sinnesempfindungen) und/oder kognitiven Prozessen (z.B. Bewertungen). Die Reize werden als angenehm oder unangenehm empfunden. Das entsprechende *Gefühl* wird von Erregung (Spannung) oder Beruhigung (Entspannung) begleitet. Beispiele für E.en: Freude, *Angst*, Scham usw. Über das autonome Nervensystem und die *Hormondrüsen* beeinflussen E.en bestimmte Organfunktionen wie z.B. Herzschlag, Atemtätigkeit, Durchblutung. E.en hängen auch unterschiedlich stark von der sozialen Umwelt und der jeweiligen *Kultur* ab.

Empirie

Bezeichnung für Erkenntnisse, die auf *Erfahrungen* beruhen. Empirische *Beobachtungen* oder Aussagen beziehen sich auf *Wahrnehmungen* und/oder sind von solchen abgeleitet. Diese Methode der Theoriebildung wird Induktion genannt.

Empirismus

Allgemeine Bezeichnung für die philosophische Lehre, nach der die Erfahrung die einzige Quelle des Wissens ist. E. ist die zusammenfassende Bezeichnung für Theorien, die nur das Beobachtbare, sinnlich Erfaßbare als Grundlage für den Erwerb von (wissenschaftlichen) Erkenntnissen gelten lassen. Der Begriff E. kennzeichnet weiterhin psychologische Theorien, die das Entstehen von Erlebnis- und *Verhaltensweisen* allein auf *Lernen* zurückführen. Die

Psyche wird als Leerheit der Seele (tabula rasa) angesehen, die nur durch Sinneseindrücke bzw. *Wahrnehmung* mit Inhalt gefüllt werden kann. Die dem E. entgegengesetzte Haltung ist der *Nativismus*.

Enkulturation

Die E. ist nach D. CLAESSENS die zweite Phase der *Sozialisation*. Das Kind wird mit den Normen und Regeln der Familie und der Gesellschaft vertraut gemacht, und es werden erste Anpassungsleistungen von ihm erwartet. Dieser Prozeß der *Anpassung* wird hauptsächlich durch *Belohnung* und *Bestrafung* gesteuert. Erste Loslösungsprozesse von den Bezugspersonen finden statt. Auf die Enkulturation folgt die *sekundäre soziale Fixierung*.

Entwicklung

Allgemeine Bezeichnung für eine zeitlich geordnete Folge von Veränderungen äußerer *Merkmale*, innerer Strukturen und/oder *Verhaltensweisen*. Der Begriff E. wird auf körperliche sowie auf seelische Vorgänge angewandt. Biologisch-genetisch bezieht sich der Entwicklungsbegriff einmal auf die Ausbildung des Organismus vom Keim bis zum erwachsenen *Individuum* und zum anderen auf die Entfaltung der Arten. Psychologisch umfaßt der Entwicklungsbegriff neben den biogenetisch bedingten körperlichen Veränderungen alle Bedingungen und inneren Vorgänge, die dem Erleben, Erkennen und *Verhalten* aufgrund *kognitiver* Prozesse eine wachsende *Differenzierung* und Komplexität verleihen. E. ist auch rückläufig und umfaßt ebenso Abbauprozesse (Rückentwicklung). Dazu gehören z. B. Veränderungen, die an das Lebensalter gebunden sind.

Entwicklungspsychologie

Bezeichnung für ein Teilgebiet der *Psychologie*, das sich hauptsächlich mit der Erforschung und Beschreibung des einzelnen Menschen beschäftigt und weniger mit der Entwicklung des Menschengeschlechts. Die E. entstand Ende des 19. Jahrhunderts und wurde durch den Einfluß der Evolutionstheorie von DARWIN zur selbständigen Teildisziplin der Psychologie erklärt. Am Anfang beschränkte sich die E. auf eine chronologische, möglichst genaue Beschreibung der individuellen Entwicklungsverläufe. Mit Beginn des 20. Jahrhunderts wurde diese Verfahrensweise zugunsten allgemeinverbindlicher Regeln der *empirischen* Forschung aufgegeben. Zu den Methoden der heutigen E. gehören systematische *Beobachtungen*, Feldstudien, Feld- und Laborexperimente.

Zwei methodische Besonderheiten der E. sind *Querschnittuntersuchungen* und *Längsschnittuntersuchungen*. Bei den Querschnittsuntersuchungen werden altersspezifische Entwicklungsabstände erfaßt. Beispiel: Eine Gruppe von 3jährigen Kindern wird mit einer Gruppe von 6jährigen Kindern verglichen. Bei den Längsschnittuntersuchungen werden individuelle Entwicklungsverläufe erfaßt. Beispiel: Eine Gruppe von Dreijährigen wird bis zu ihrem 20. Lebensjahr immer wieder anhand bestimmter *Tests* untersucht. Die E. beschäftigt sich zunehmend mit Fragen der Entwicklungstheorie und versucht durch Forschung und *Experimente* zu klären, durch welche Bedingungen und über welche Lernprozesse der Entwicklungsprozeß beeinflußt bzw. gesteuert werden kann.

Entwicklungsstörung

Unter *Entwicklung* versteht man ganz allgemein die Veränderung von Organismen (Menschen, Tiere, Pflanzen) im Laufe der Zeit. Beispiel: Erwerb von Fähigkeiten sowie Verhaltensweisen. Mit Entwicklungsstufe bezeichnet man einen zeitlich begrenzten Abschnitt des Lebensablaufs, z. B. Kindheit, Jugend, Erwachsenenalter.

Während der Entwicklung können E.en auftreten. Ihnen liegen meistens einschneidende Ereignisse zugrunde. Beispiel: Verletzungen, *Hormonstörungen*, unzureichende emotionale Geborgenheit usw. Dies kann ein Stehenbleiben auf einer Entwicklungsstufe zur Folge haben oder sogar eine *Regression*, d. h. der Betroffene fällt auf das Niveau einer früheren Entwicklungsstufe zurück.

Erfahrung

Allgemeine Bezeichnung für Kenntnisse und Verhaltensweisen, die durch *Wahrnehmung* und *Lernen* erworben werden. Das Sammeln von E.en ist zum einen abhängig von den angeborenen Fähigkeiten eines *Individuums* sowie den äußeren Möglichkeiten, E.en in der Umwelt sammeln zu können. E.en setzen weiterhin die Fähigkeit voraus, die Eindrücke verwerten und in die Persönlichkeitsstruktur integrieren zu können. Dem Begriff E. kommen noch spezielle Bedeutungen zu: Im Alltag spricht man allgemein auch von Lebenserfahrung. Damit wird das erprobte und bewährte Wissen bezeichnet, das im Laufe eines Lebens gewonnen wurde. E. im Sinne von *Beobachtung* ist ein zentraler Begriff aller *empirischen* Wissenschaften.

Ersatzhandlungen

Allgemeine Bezeichnung für Handlungen, die als Ersatz für eigentlich gewünschte Handlungen an deren Stelle treten. Beispiel: Kann der Drang nach erotischen Handlungen nicht ausgelebt werden, tritt an seine Stelle die Betrachtung von erotischen Bildern. Von Ersatzbefriedigung spricht man, wenn eine Ersatzhandlung den *Trieb* befriedigt. Nach S. FREUD streben unterdrückte oder verdrängte *Bedürfnisse* (z. B. Triebe) nach einer Ersatzbefriedigung. Die Energie, die das Verhalten des Menschen aktiviert, richtet sich auf ein neues Ziel (z. B. eine Person) und führt zu einer Ersatzhandlung, die damit ein Ausleben der Energie ermöglicht.

Erziehung

Unter E. versteht man die *Entwicklung* der intellektuellen und geistigen Anlagen, die in einer Person vorgegeben sind und die durch planmäßige Anleitung, Übung und Unterricht ausgebildet werden. Im engeren Sinn versteht man unter E. das Handeln älterer Personen an jüngeren Menschen im Rahmen bestimmter Erziehungsziele. Im Idealfall geschieht dies in der Absicht, den jüngeren Menschen zu eigenverantwortlicher Lebensführung zu verhelfen. Im weiteren Sinn meint E. jedes soziale Handeln, durch das Menschen versuchen, psychische *Dispositionen* anderer Menschen positiv zu beeinflussen und dauerhaft zu stabilisieren bzw. zu verbessern und die Entstehung von Dispositionen, die als schlecht bewertet werden, zu verhüten.

Erziehungsstil

Unter E. versteht man ein „typisiertes und relativ stabiles Erziehungsverhalten, hinter dem bestimmte Erziehungseinstellungen und Persönlichkeitsmerkmale der Eltern stehen" (OERTER). LEWIN führte 1933 in den USA Untersuchungen über E.e durch, bei denen sich folgende Grundtypen herauskristallisierten:

1. der autoritäre (autokratische) E.: Wesentliches Element dieses Stils ist es, daß nur der Wille der Erziehungsperson etwas gilt. Nur sie weiß, was für das Kind gut ist und setzt dies auch gegen dessen Willen durch.
2. der demokratische E.: Dieser Stil zeichnet sich dadurch aus, daß die Erziehungsperson von den Bedürfnissen des Kindes ausgeht und sie angemessen berücksichtigt. Das Kind wird nicht nach dem Willen des Erwachsenen geformt, sondern wird soweit wie möglich als gleichberechtigter Partner im Zusammenleben angesehen.
3. der laissez-faire Stil: Unter diesem Begriff vereint man ein Erziehungsverhalten, welches das Kind weitgehend sich selbst überläßt, ihm keine Grenzen setzt und kein Interesse an seiner sozialen Entwicklung zeigt.

Es

Begriff, der zuerst bei NIETZSCHE (1883/1892: Also sprach Zarathustra), dann bei GRODDEK (1923: Das Buch vom Es) belegt ist und später (1923) von S. FREUD übernommen wurde. Nach der Theorie Freuds besteht der psychische Apparat aus drei Schichten: das *Unbewußte,* das Vorbewußte und das *Bewußte.* Später modifizierte er sein Strukturmodell durch die Instanzen Es, Ich und *Über-Ich.*

Das Es repräsentiert die Triebseite der *Persönlichkeit,* ist unbewußt und strebt nach einer unmittelbaren und vollständigen Abfuhr der Triebenergie. Diese gelungene Abfuhr der Triebenergie, die unbewußt abläuft und bei der weder das Denken noch das Ich eingeschaltet sind, nennt Freud Primärvorgang. Das Es wird dabei durch Triebregungen und Wunschtendenzen beherrscht, die zunächst ohne Beachtung der Bedingungen und Anforderungen der Außenwelt auftreten, so daß *Konflikte* mit dem Ich und Über-Ich entstehen.

Eßstörungen

Allgemeine Bezeichnung für bestimmte Muster im Eßverhalten, die von Appetitstörungen, Erbrechen der aufgenommenen Nahrung (*Bulimie*) bis zur *Anorexia nervosa* (Magersucht) reichen können. Als Ursache vermutet man fehlende Zärtlichkeit und mangelhafte Akzeptanz des Kindes im Elternhaus. Betont langsames Essen sowie Erbrechen der Nahrung werden als Ausdruck der Widerrede gegen die Eltern verstanden, die von dem Kind nicht offen geäußert werden darf oder kann.

Im engeren und klinischen Sinn versteht man unter E. die im DSM-III-R (Diagnostic and Statistical Manual of Mental Disorders) definierten Syndrome Anorexia nervosa, Bulimia nervosa, Pica (abnorme Essensgelüste), Rumination (Wiederkäuen) im Kindesalter und anderweitig nicht klassifizierte E. Von praktischer klinischer Bedeutung sind vor allem zwei Formen der E.: Anorexia nervosa und Bulimia nervosa. Bei beiden Störungen sind hauptsächlich Mädchen bzw. junge Frauen betroffen. Bei der Anorexia beginnt die Krankheit meist zwischen Ende der *Pubertät* und dem 25. Lebensjahr, bei der Bulimie liegt der Krankheitsbeginn in der Regel zwischen dem 15. und 35. Lebensjahr.

E. haben in den letzten Jahren epidemieartig zugenommen. Als Rahmenbedingung hierfür gilt das gesellschaftliche Schlankheitsideal und das daraus resultierende kollektive Diätverhalten von Frauen. E. werden mit *Verhaltenstherapie* oder kognitiv-verhaltenstherapeutischen Ansätzen behandelt. Dabei wird auf eine Veränderung des Eßverhaltens und auf eine Modifikation der Einstellung bezüglich Figur und Körpergewicht hingearbeitet.

Evaluation

Allgemeine Bezeichnung für die Auswertung und Interpretation von Informationen über die Wirkung von Handlungen. In der Pädagogischen Psychologie versteht man unter E. die Beurteilung der Brauchbarkeit eines Lehrprogramms hinsichtlich seiner Lehrziele. Beim *Denken* und *Problemlösen* meint E. das Feststellen der Angemessenheit für einen Begriff oder eine Strategie.

Evolution

Bezeichnung für die Abstammungslehre. E. meint die Theorie über die Herkunft der unterschiedlichen Arten bei Pflanzen, Tieren und Menschen. Im Verlauf der erdgeschichtlichen Entwicklung sind aus einst einfach organisierten Vorfahren höhere Formen entstanden. Über die Entstehung des Lebens selbst sagt die E. nichts aus.

Die Theorie einer kontinuierlichen Entwicklung des Organismus ist alt. Schon bei ARISTOTELES sind Ansätze zu einem Abstammungsdenken vorhanden gewesen. F. BACON und R. DESCARTES machten Andeutungen auf eine E., und B. de MAILLET (1656–1738) veröffentlichte als erster eine Entwicklungslehre, nach der alle Lebewesen unserer Zeit durch Umbildungen entstandene Nachkommen einfacherer Vorfahren sind. Später bezog C. von LINNÉ (1766) erstmals den Menschen in seine Klassifikation mit ein und stellte ihn unter der Bezeichnung Homo sapiens in die Ordnung der sog. Primaten. Eine ausführlich begründete Abstammungslehre verfaßte später E. DARWIN, der Großvater von Charles DARWIN.

Zur weitgehenden Anerkennung der Evolutionstheorie führten Forschungen und Publikationen von C. Darwin. Durch Darwin wurde der Weg zu einem ursächlichen Verständnis des Evolutionsgeschehens bereitet und die Stammesgeschichte (*Phylogenese*) von zielgerichteten Interpretationen befreit. Durch Forschungsergebnisse aus Erdgeschichte, vergleichender Anatomie, *Genetik* und *Physiologie* wird die Evolutionstheorie heute nicht mehr in Frage gestellt.

Experiment

Bezeichnung für ein wichtiges methodisches Hilfsmittel in der *Psychologie*. In der psychologischen Forschung wurde das E. in größerem Umfang seit Ende des 19. Jahrhunderts eingeführt (Experimentelle Psychologie). Ein E. ist eine systematische *Beobachtung* von veränderlichen *Merkmalen* (*Variablen*) unter planmäßig kontrollierten oder künstlich geschaffenen Bedingungen. Ziel des E.s ist es, ursächliche, gesetzmäßige *Abhängigkeiten* eindeutig aufzuzeigen, was in den Erfahrungswissenschaften nicht immer möglich ist, da man hier häufig nur *Beobachtungen* sammelt. In der Psychologie sowie in allen Forschungsbereichen ist das E. nicht mehr wegzudenken, z. B. in der *Wahrnehmung*, im *Denken* usw.

Bei bestimmten Fragestellungen verbieten sich E.e manchmal aus Gründen der Ethik oder der *Moral*; z. B. kann man experimentell nicht nachprüfen, wie sich die Prügelstrafe auf kleine Kinder auswirkt. Hier bleibt die Psychologie auf die Beobachtung angewiesen, die durch Kontrolle zusätzliche Genauigkeit gewinnen kann (z. B. durch Erfassung möglichst aller beteiligten Einflüsse, Tonbandaufzeichnungen usw.).

Extraversion

Die Begriffe E. und *Introversion* wurden von C.G. JUNG eingeführt, der damit zwei *Persönlichkeitstypen* beschrieb, deren grundlegende *Merkmale* seiner Ansicht nach angeboren sind: Der Extravertierte orientiert sein Erleben und Handeln vorrangig an der Außenwelt, der Introvertierte eher an der Innenwelt. E. ist eine Persönlichkeitseigenschaft, die durch Offenheit und Aufgeschlossenheit der Umwelt gegenüber sowie durch die Suche nach sozialen Kontakten gekennzeichnet ist.

In dem Dimensionsschema von H.J. EYSENCK sind E. und Introversion zu einem zentralen Begriff der Persönlichkeitstheorie geworden. Durch Fragebogen-Items läßt sich die Ausprägung der E. (bzw. Introversion) direkt ermitteln. E. geht häufig mit mangelnder Ausdauer, Konzentrationsschwäche, Neigung zu unkontrolliertem Handeln sowie Überschätzung der eigenen Leistungsfähigkeit einher.

Familie

Unter F. versteht man allgemein das dauerhafte Zusammenleben von Eltern und Kindern in einem gemeinsamen Haushalt. Der heute in den Industrienationen vorherrschende Typ der Kleinfamilie oder Kernfamilie entstand als Folge der im 19. Jahrhundert schnell fortschreitenden Industrialisierung, die eine Trennung von Wohn- und Arbeitsplatz mit sich brachte. Die typische Form der bürgerlichen Kleinfamilie, bei der der Arbeitslohn des Vaters zum Lebenserhalt der ganzen F. ausreichte und sich die Ehefrau vorrangig dem Haushalt und der Betreuung der Kinder widmete, wurde zur *Norm* für die nachfolgenden *Generationen.* Die Zwei-Generationen-Familie, bei der ein verheiratetes Elternpaar mit den gemeinsamen Kindern zusammen lebt, wird noch heute vom größten Teil der deutschen Bevölkerung als Familienform angestrebt.

Seit den 60er Jahren haben sich die Zusammensetzung und das Verständnis von F. stark gewandelt. So geht die Zahl der Kinder in den F.n deutlich zurück, und es werden immer weniger F.n neu gegründet. Auch die Zahl der kinderlosen Ehen ist stetig gestiegen. Desweiteren hat sich die Zahl der Kinder, die mit nur noch einem Elternteil aufwachsen, seit den 70er Jahren mehr als verdoppelt.

Diese Entwicklung ist zum einen auf eine zunehmende gesellschaftliche Akzeptanz von nichtehelichen Lebensgemeinschaften mit nichtehelichen Kindern zurückzuführen. Die Eheschließung wird nicht mehr als Grundvoraussetzung für familiales Zusammenleben gesehen. Zum anderen sorgt die außerordentlich starke Zunahme an Ehescheidungen dafür, daß sich vielfältigere Formen von F.n entwickeln, z.B. das Zusammenleben von geschiedenen Erwachsenen und Kindern aus den jeweiligen Ehen. Während zu Beginn der 70er Jahre jede sechste Ehe geschieden wurde, war 20 Jahre später bereits jede dritte Ehe davon betroffen. Das Zerbrechen der elterlichen Paargemeinschaft gehört damit immer mehr zur Normalität, mit der Kinder konfrontiert werden.

Alle neu entstandenen Familienformen weisen trotz aller Unterschiede zwei Merkmale auf, die schon auf alle früheren Formen zutrafen, nämlich daß sie Haushaltsgemeinschaften und Intimgemeinschaften sind, in denen Menschen ihre Bedürfnisse nach Zuwendung, Geborgenheit, Sicherheit und Solidarität zu befriedigen suchen.

Familientherapie

Bezeichnung für eine Sonderform der *Gruppentherapie,* bei welcher neben der Behandlung des psychisch erkrankten Familienmitglieds die Familie als Ganzes in die *Therapie* einbezogen wird. Die theoretischen Annahmen sind sehr unterschiedlich, woraus sich verschiedene Behandlungsmethoden ergeben. Allen Konzepten gemeinsam ist die Grundannahme, daß die Familie ein System darstellt, das als Ganzes zu betrachten und als eine Behandlungseinheit zu sehen ist. Die *Symptome* eines Familienmitgliedes werden als Ausdruck krankmachender Familienprozesse betrachtet. Der Patient wird als Symptomträger gesehen, der die meist unbewußten *Konfliktmuster* innerhalb der Familie widerspiegelt, wodurch zunächst ein Gleichgewicht im System hergestellt wird. Durch Veränderungen in den Familienbeziehungen kann es zu Änderungen im Erleben und Verhalten der Familienmitglieder kommen, und die *psychische Störung* des Patienten kann behoben werden. Ziele der F. sind: verbesserte *Kommunikation,* stärkere *Autonomie,* Lösung von *Konflikten* innerhalb der Familie, Verbesserung und Veränderung der Familien- und Beziehungsstruktur.

Fixierung

In der *Psychologie* versteht man unter F. das Festhalten an bestimmten Einstellungen, Denkstilen und *Verhaltensweisen.* Dieser Zustand geht einher mit einem Verlust an Flexibiliät bezüglich des Denkens, Fühlens und Handelns. In der *Psychoanalyse* bezeichnet dieser Begriff das Stehenbleiben auf einer frühen Stufe der psychosexuellen *Entwicklung.* Dies hat zur Folge, daß auch von dem erwachsenen Menschen noch Formen der Bedürfnisbefriedigung gewählt werden, die eher der unreifen kindlichen Triebbefriedigung entsprechen.

Fluchtverhalten

Bezeichnung für eine angeborene Vermeidungsreaktion, die mit einem Ortswechsel verbunden ist und die von einem bestimmten *Reiz* (z. B. dem Anblick eines Feindes) ausgelöst wird. Diese Auslöser sind bei Menschen und Tieren verschieden. Beispiel: Vielen Tieren kann man sich in der Regel nur bis auf eine ganz bestimmte Distanz nähern, bevor sie flüchten. Gelingt es, die Fluchtdistanz unbemerkt zu unterschreiten, erfolgt gewöhnlich keine Flucht mehr, sondern Angriff. Die Koppelung von *Reiz* und *Reaktion* ist bei Tieren im Sinne des Instinktverhaltens programmiert. Der Mensch hat das F. weitgehend durch verstandesmäßige Situationsprüfung und angemessene Reaktion ersetzt.

Fremdbild

Im Gegensatz zum *Selbstbild* ist hiermit die Art und Weise gemeint, in der ein Mensch von den anderen wahrgenommen wird. Dabei kann es zu Widersprüchen kommen, wenn F. und Selbstbild nicht übereinstimmen. Beispiel: Ein Mensch, der von anderen als aufdringlich empfunden wird, sieht sich selbst als bescheiden und zurückhaltend.

Frustration

Dieser Begriff wird auch mit Enttäuschung oder Nichterfüllung übersetzt. F. tritt ein, wenn ein mit Bestimmtheit erwartetes oder geplantes Ereignis völlig anders verläuft als erwartet und die *Bedürfnisse* nicht befriedigt werden. F.en entstehen aber auch bei dem *Gefühl*, übergangen, zurückgesetzt oder ungerecht behandelt worden zu sein. Der Begriff F. wird in dreifacher Weise gebraucht:

1. Die frustrierende Situation: Nach der Definition von N.R.F. MAIER (1949) sind die wesentlichen Merkmale eine unlösbare Situation, die Unmöglichkeit, aus dieser Situation herauszukommen, und eine starke Handlungsmotivation.
2. Der Zustand der F.: Die frustrierende Situation kann einen Frustrationszustand im Organismus herbeiführen, bei dem der Grad der F. bei verschiedenen Personen differiert. Der Frustrationszustand kann direkt erfaßt werden, z.B. durch Messen des elektrischen Hautwiderstands (psychogalvanische Reaktion) oder durch die Pulsfrequenz. Er kann aber auch als intervenierende *Variable* angesehen werden, die nicht direkt meßbar ist.
3. Die Reaktion auf die F: Die Hauptreaktionen auf einen Frustrationszustand sind *Aggression*, *Regression*, *Fixierung* und gesteigerte bzw. verringerte Reaktionsstärke.

Frustrations-Aggressions-Hypothese

Aggression ist häufig eine Folge von *Frustration*. In verschiedenen Untersuchungen ließ sich beobachten, daß unter bestimmten Umständen auf eine Frustration mit Aggression reagiert wurde. Diese Tatsache veranlaßte DOLLARD und seine Mitarbeiter (1939) zur Aufstellung der F.-A.-H., die besagt, daß Aggression immer eine Folge von Frustration ist und das Auftreten von aggressivem Verhalten immer die Existenz von Frustration voraussetzt. Kritiker dieser Hypothese weisen darauf hin, daß statt Aggression auch *Depression* die Folge von Frustration sein kann sowie auch, daß sich aggressives Verhalten durch einen Lernvorgang (z.B. *Verstärkung*) erklären läßt.

Furcht

Die Begriffe *Angst* und F. werden sprachlich nicht immer scharf voneinander getrennt. F. bezieht sich immer auf eine für die Person deutlich erkennbare Gefahr, die von ihr als Bedrohung erlebt wird. Angst hingegen ist ein unbestimmtes und ungerichtetes *Gefühl*, d.h. ohne konkreten Gegenstands- oder Situationsbezug.

F. und Angst haben die gleichen *physiologischen* Symptome: Pupillenerweiterung, Blutdruckerhöhung, Adrenalin- und Zuckeranstieg im Blut. Der Spannungszustand drückt sich oft in geschärfter Wachsamkeit und *Aktivität* aus. Personen reagieren auf das Gefühl der F. durch bestimmte Arten von *Verhalten*: 1. *Flucht,* 2. Bewältigung, 3. *Abwehr,* 4. *Vermeidung.*

Geburtstrauma

Bezeichnung für eine umstrittene *psychoanalytische* Theorie, wonach das Geburtserlebnis selbst auf jedes Kind mehr oder weniger stark *traumatisch* wirkt und spätere *neurotische* Ängste hierin ihre Wurzeln haben können (O. RANK). Nach S. FREUD hat der Geburtsakt und die Trennung von der Mutter ein *Angsterlebnis* zur Folge und bildet damit das Vorbild für alle späteren Gefahrensituationen.

Gedächtnis

Als G. wird die Fähigkeit bezeichnet, Sinneswahrnehmungen, *Erfahrungen* und *Bewußtseinsinhalte* zu registrieren, über längere oder kürzere Zeit zu speichern und bei geeignetem Anlaß wieder zu reproduzieren. Diese Fähigkeit ist bei jedem *Individuum* unterschiedlich ausgebildet. Stoffliche Grundlage des G.ses ist das Gehirn. Beim Menschen lassen sich drei unterschiedliche Gedächtnisarten unterscheiden:

1. Das Ultrakurzzeitgedächtnis (UZG) bewahrt Informationen höchstens 20 Sekunden lang auf. Es wird vermutet, daß dies auf elektrischen Vorgängen beruht.
2. Das Kurzzeitgedächtnis (KZG) speichert Informationen maximal 1–2 Stunden. Das KZG kann durch bestimmte Stoffe (z. B. das Antibiotikum Puromycin) gehemmt werden. Dann findet keine Übernahme von Informationen in das LZG statt.
3. Das Langzeitgedächtnis (LZG) speichert Informationen unter Umständen lebenslang. Die Übernahme von Gedächtnisinhalten aus dem KZG in das LZG kann durch bestimmte Stoffe verhindert werden, die die Eiweißsynthese blockieren. Bereits gespeicherte Inhalte im LZG werden davon nicht mehr betroffen.

Es wird angenommen, daß der Hippocampus (ältester Teil des Großhirns) an der Übernahme von Informationen aus dem KZG in das LZG maßgeblich beteiligt ist. Wird dieser zerstört, ist die Speicherung neuer Informationen unmöglich. Die Bewahrung bewußter Gedächtnisinhalte erfolgt vor allem in den Zellen der Großhirnrinde. Zerstört man einen Teil dieser Oberflächenpartie des Großhirns, dann wird das G. insgesamt unschärfer und ungenauer.

Viele Befunde sprechen dafür, daß das G. als ein gleichzeitig von vielen Nervenzellen und deren Synapsen getragener Prozeß anzusehen ist. Die Bewahrung von Gedächtnisinhalten funktioniert nach folgendem Prinzip: Informationen werden durch Überlagerung (Interferenz) zweier oder mehrerer Informationskreise gespeichert. Beispiel: Überlagerung von Gehörtem mit Gesehenem, von Gelesenem mit bereits Gewußtem usw. Dies erklärt z. B., weshalb das *Lernen* leichter fällt, wenn mehrere Eingangskanäle gleichzeitig beteiligt sind. Ähnliches gilt für Wiederholungen: Sie verschärfen Erlerntes und machen den Gedächtnisinhalt besser abrufbar.

Eine *Hypothese*, die ebenfalls die Wirkung von Wiederholungen beim Lernen erklärt, ist, daß elektrische Vorgänge des UZG die DNS (Erbsubstanz) dazu veranlaßt, RNS (Überträgersubstanz) herzustellen und nach deren Vorschrift Proteine (Eiweiße) zu synthetisieren. Gleichzeitig erklärt diese Hypothese, daß bestimmte Verhaltensweisen und Gedächtnisinhalte mit der DNS vererbt werden können. Beispiel: Das Feindbild bei Küken. In diesem Zusammenhang hat u. a. G. UNGAR vermutet, daß es sog. Gedächtnismoleküle gibt. Ob dies wirklich so ist, ist noch fraglich.

Eine andere Hypothese besagt, daß beim Lernen bestimmte Nervenzellen durch besonders gut leitende Nervenverbindungen verknüpft werden. Durch Wiederholungen würden sich diese Bahnen gewissermaßen einschleifen. Unbestritten ist, daß Gedächtnisinhalte sog. Spuren im Gehirn hinterlassen (Engramme).

Der gegenläufige Vorgang zum Gedächtnis ist das Vergessen. Dieser Vorgang ist aber noch ungeklärt. Man weiß nur, daß Inhalte des LZG nicht immer in das Bewußtsein gerufen werden können. In Hypnose dagegen sind oft bereits vergessene Inhalte noch abfragbar. Die Merkfähigkeit ist individuell sehr verschieden und hängt von vielen Faktoren ab:

1. die Anzahl der Wiederholungen und deren Zeitabstand,
2. die Konzentration und der Aufmerksamkeitsgrad,
3. der Ermüdungsgrad,
4. die Gefühlsbeteiligung und andere innere und äußere Begleitumstände beim Lernen,
5. das Interesse am einzuprägenden Wissensstoff,
6. die individuelle Einstellung zum Lernen selbst.

Auch die Art des Einprägens kann von Bedeutung sein: Der akustische Typ z. B. behält Gehörtes besser, der optische Typ dagegen Gesehenes. Die höchste Aufnahmeschnelligkeit liegt im Schulalter, die höchste Aufnahmegenauigkeit im Alter von 20 bis 25 Jahren. Mit dem Älterwerden nehmen beide ab.

Gefühl

Der Begriff G. läßt sich nicht definieren, sondern nur umschreiben. Er bezieht sich auf eine bestimmte Kategorie von *Erfahrungen*, für die die verschiedensten sprachlichen Ausdrücke benutzt werden. Beispiele: *Angst,* Ärger, Liebe, Freude, Mitleid, Abscheu usw. G.e sind *psychophysische* Grundphänomene des subjektiven, individuellen Erlebens einer Erregung (Spannung) oder

Beruhigung (Entspannung). Sie werden mehr oder weniger deutlich von *Lust* oder Unlust begleitet.

G.e hängen eng mit der Tätigkeit des autonomen Nervensystems zusammen. G.e sind komplexe Zustände. Sie werden begleitet von gesteigerter *Wahrnehmung* eines Objekts oder einer Situation. Damit gehen weitreichende physiologische Veränderungen einher wie z. B. Änderung der Puls- und Atemfrequenz. Wahrgenommen werden ebenfalls G.e wie Anziehung oder Abscheu, die von Annäherungs- oder Vermeidungsverhalten begleitet werden.

Gen

Der Begriff wurde 1909 von W. JOHANNSEN für die Bezeichnung der Erbeinheit eingeführt. Der membranumhüllte *Zellkern* enthält *Chromosomen*, in denen die gesamte Erbsubstanz des menschlichen Körpers in G.en verschlüsselt ist. Diese G.e bestehen beim Menschen und allen anderen Organismen aus DNS, die sozusagen den Stoff darstellt, aus dem das Leben ist. Die menschlichen Zellkerne enthalten 23 Chromosomenpaare mit insgesamt ca. zweimal 100 000 verschiedenen Erbmerkmalen oder G.en. Jedes Chromosom enthält daher rund 4400 G.e.

Jedes G. kommt zweimal vor: ein mütterliches und ein väterliches. Ei- und Samenzelle enthalten jedoch nur einen Chromosomen- und damit Gensatz. Die G.e sind in einem sehr langen DNS-Molekül verschlüsselt, aus dem das Chromosom, neben einem Eiweißanteil, besteht. Die Nucleotide stellen dabei den genetischen Code dar. Alle Nachfahren eines Elternpaares erhalten ein vollständiges Genom; welche Erbanlagen jedoch von der Mutter bzw. vom Vater stammen, bleibt dem Zufall überlassen.

G.e bestimmen in *Wechselwirkung* mit der Umwelt die Ausbildung der sichtbaren Merkmale eines Individuums (*Phänotyp*). Die Ausbildung von psychischen Merkmalen beruht in den meisten Fällen auf einer Mehrzahl von G.en (Polygenie). Enzymdefekte eines G.s können Abartigkeiten im psychischen Bereich zur Folge haben.

Generalisation

Bezeichnung für einen Denkschritt, in dem von einem Einzelfall auf eine ganze Klasse von Vorgängen geschlossen wird. Man unterscheidet zwei Formen:
1. Reizgeneralisation: Auf eine *Reizsituation* wird mit einer bestimmten *Verhaltensweise* reagiert. Diese Verhaltensweise tritt im folgenden nicht nur bei gleichen, sondern auch bei ähnlichen Reizen auf. Beispiel: Ein Kind wird von einem Hund gebissen. In Zukunft wird es wahrscheinlich nicht nur vor diesem Hund Angst haben, sondern auch vor anderen Hunden.
2. Reaktionsgeneralisation: Nach dem Erlernen einer *Reaktion* auf einen bestimmten Reiz hin werden bei Vorgabe dieses Reizes ähnliche Reaktionen wieder auftreten. Beispiel: Ein Schüler reagiert auf jede Prüfungssituation

mit übergroßer Nervosität. Wahrscheinlich wird er auch in folgenden Prüfungssituationen (z. B. Abitur, Studium) mit starker Nervosität reagieren.

Generation

Begriff aus der Biologie. Unter G. versteht man den vollständigen Lebenszyklus eines Organismus von der befruchteten Eizelle bis zum *geschlechtsreifen* Menschen, der selbst wieder Geschlechtszellen ausbildet und Nachkommen erzeugt. In der Alltagssprache verwendet man diesen Begriff auch, um die Gesamtheit der Menschen einer Altersstufe (z. B. die junge G.) zu bezeichnen.

Generationskonflikt

Bezeichnung für das häufig beobachtete Spannungsverhältnis zwischen Jugendlichen und Angehörigen der älteren Generation. G.e äußern sich in verschiedenen Formen des jugendlichen Protests. Beispiel: Protest gegen die Anordnungen von Eltern oder Lehrern, oder Protest in Form von Demonstrationen gegen politische Entscheidungen. Als Ursache für den G. werden unvereinbare *Normen* der beiden Altersgruppen angenommen. Die Älteren nehmen häufig eine konservative Haltung ein mit dem Ziel, Erreichtes und Selbstgeschaffenes zu erhalten. Die Jüngeren dagegen verhalten sich häufig eher fortschrittlich und wollen Althergebrachtes durch Neuerungen verändern. Als weitere Ursachen werden Vorurteile gegenüber Angehörigen der anderen Gruppe angenommen: Jugendliche schätzen Ältere oft als starrsinnig und altmodisch, Ältere dagegen Jugendliche oft als verantwortungslos und unerfahren ein.

Genetik

Bezeichnung für einen Forschungsbereich, der untersucht, welche Merkmale beim *Individuum* durch *Vererbung* und welche auf andere Art und Weise entstanden sind. Dabei bezieht sich die G. in ihrer Forschung häufig auch auf die Unterschiede zwischen den einzelnen Individuen.

genitale Phase

In der Theorie S. FREUDs ist die g. P. die Endstufe der normalen sexuellen *Entwicklung*. Sie schließt sich an die *orale*, *anale* und *phallische* Phase an. Die g. P. ist gekennzeichnet durch das Aufkommen sexueller Impulse. In dieser Phase wird allmählich die *Sexualität* der reifen *Persönlichkeit* entwickelt. Das Interesse am anderen Geschlecht ist geweckt, und es findet eine Hinwendung zum Geschlechtspartner statt. Triebregungen werden in dieser Phase durch normale sexuelle Beziehungen befriedigt.

Genotyp

Bezeichnung für die Summe der genetischen Strukturen und Funktionen eines Lebewesens. Der G. legt den Rahmen des *Phänotyps* fest, nicht aber dessen Details. Durch Umwelteinflüsse kommt es zu verschiedenen Ausprägungen der einzelnen *Merkmale*, sowohl psychisch als auch physisch, was wiederum zu unterschiedlichen Phänotypen führen kann.

Geschlecht

Bezeichnung für die seelischen und körperlichen Eigentümlichkeiten von Frauen und Männern sowie allen eventuell auftretenden Zwischenformen. Geschlechtsmerkmale sind immer auch Geschlechtsunterschiede. In den meisten Kulturen wird das G. mit bestimmten *Geschlechtsrollen* und Rollenverhalten verbunden.

Geschlechtsreife

Bezeichnung für das Stadium der *ontogenetischen* Entwicklung, in dem die Fortpflanzungsfähigkeit einsetzt. Der Zeitpunkt der G. ist bei den verschiedenen Lebewesen unterschiedlich. Sie wird u. a. beeinflußt durch klimatische, *physiologische*, soziologische und persönliche Faktoren. Weiterhin läßt sich eine *Abhängigkeit* zwischen G. und Geschlechtszugehörigkeit feststellen. Bei Mädchen setzt sie ca. 2 Jahre früher ein als bei Jungen. Die G. erfolgt beim Menschen gegen Ende der *Pubertät*.

Geschlechtsrolle

In jeder Gesellschaft werden Männer und Frauen mit spezifischen Verhaltenserwartungen und *Normen* konfrontiert, die häufig durch den biologischen Geschlechtsunterschied gerechtfertigt werden. Die Geschlechterrollen sind meist durch den wirtschaftlich-sozialen Aufbau der Gesellschaft bestimmt, insbesondere der Arbeitsteilung. Als typisch männliche Aktivitäten gelten z. B. Jagd, Bootsbau, Bergbau. Als typische weibliche Aktivitäten werden z. B. Hausarbeit, Kindererziehung und Feldarbeit genannt.

G.n gehen auf einen frühen Lernprozeß zurück, sind meist *unbewußt* verinnerlicht (*internalisiert*) und erscheinen dadurch als kulturelle Selbstverständlichkeit. Aus den unterschiedlichen G.n entstehen fast immer auch ungleiche *Machtverhältnisse*. Dies läßt sich u. a. an den Besitzverhältnissen, dem Wohnort nach der Heirat, aber auch an den unterschiedlichen Sexualnormen erkennen. Unterschiede in den G.n sind über Generationen geschichtlich entstanden und gesellschaftlich festgelegt worden. In den industriellen Gesellschaften zeichnet sich ein Wandel der G.n ab. Dies wird deutlich an einer stärkeren Gleichstellung der Frau, einer sexuellen Emanzipation und einer Verringerung der Doppelmoral.

Geschlechtsunterschiede

G. bedingen sich nicht nur durch die körperlich unterschiedlichen Geschlechtsmerkmale, sondern bestehen auch im psychischen Bereich. Allgemein läßt sich sagen, daß es keine Unterschiede hinsichtlich der allgemeinen *Intelligenz* zwischen Männern und Frauen gibt. Jedoch erzielen die Geschlechter unterschiedliche Ergebnisse bei den verschiedensten Tests. Frauen haben z. B. eine höhere *Wahrnehmungsgeschwindigkeit*, sind häufig sprachlich begabter und arbeiten meist genauer als Männer; außerdem sind sie für *Gefühle* zugänglicher. Männer dagegen sind für Arbeiten, die Körperkraft erfordern, besser geeignet. Sie besitzen ebenfalls ein etwas ausgeprägteres räumliches Orientierungsvermögen und haben ein höheres technisch-mechanisches Verständnis.

Während der *Pubertät* entwickeln Jungen häufig ein ausgesprochenes Imponiergehabe und *aggressives* Verhalten, Mädchen dagegen unterliegen in dieser Zeit z. B. stärkeren Stimmungsschwankungen und verfallen leicht in Träumerei. Der Ursprung dieser Unterschiede ist bisher unbekannt. Der Anteil von *Anlage und Umwelt* an diesen G.n ist kaum zu bestimmen. Ein Teil des geschlechtstypischen Verhaltens ist sicher anerzogen, ein anderer Teil ererbt. Den Unterschieden zwischen Jungen und Mädchen bzw. zwischen Männern und Frauen liegen sowohl biologische, genetische als auch psychologische und soziale Faktoren zugrunde.

Gesprächspsychotherapie

Bezeichnung für eine Therapieform der *Humanistischen Psychologie,* die von dem amerikanischen Psychologen C. ROGERS in den USA in den 40er Jahren entwickelt und von dem Ehepaar TAUSCH in den 60er Jahren in Deutschland eingeführt wurde. Ziel der G. ist es, psychisch beeinträchtigten Menschen dabei zu helfen, ihre Probleme selbst lösen zu können und sich ohne *Angst* mit ihren bislang meist abgewehrten *Erfahrungen* auseinanderzusetzen. Der Therapeut schafft eine entspannte Atmosphäre, erteilt keine Ratschläge, urteilt und bewertet nicht und ermöglicht es dadurch dem Klienten, daß dieser ehrlich mit sich umgeht und sich trotz seiner „schlimmen" Seiten akzeptieren kann. Der Klient wird durch das Verbalisieren von *Gefühlen* durch den Therapeuten ermutigt, von seinem Leiden zu sprechen, was wiederum eine entlastende Wirkung für den Klienten hat.

Die G. geht von der Tatsache aus, daß die Handlungen eines Menschen von dem Bild bestimmt werden, das dieser von sich entwickelt hat. Werden wesentliche Aspekte der sozialen Realität übergangen oder vernachlässigt, wird der Betroffene oft anecken bzw. das Gefühl entwickeln, sich nicht mehr auszukennen. Die G. versucht, die Wachstumskräfte des Menschen zu fördern und jenes Umfeld zu schaffen, das es dem Klienten ermöglicht, sich selbst zu helfen. Dabei sind von seiten der Therapeuten die drei Therapeutenvariablen zu verwirklichen: Empathie, Kongruenz und Wertschätzung.

Gestaltpsychologie

Bezeichnung für ein Teilgebiet der Psychologie. Als Begründer gelten M. WERTHEIMER, W. KÖHLER und K. KOFFKA. Im Mittelpunkt steht die Untersuchung, wie die Welt der *Wahrnehmung* aufgebaut ist. Die G. geht von der Annahme aus, daß sich das *Psychische* nicht aus einzelnen Elementen zusammensetzt, sondern sich immer als Ganzheitlichkeit vorfindet. Unter einer Gestalt versteht man ein Gebilde, das als Ganzes andere Qualitäten aufweist als seine einzelnen Elemente: Die Gestalt ist mehr als die Summe ihrer Teile. Die Gestaltgesetze, die aus den Untersuchungen der G. hervorgegangen sind, sollen erklären, welche Gebilde auf welche Weise und aus welchem Grund als Gestalt erlebt werden.

Gestalttherapie

Bezeichnung für eine Therapieform, die von Fritz PERLS (1893-1970) entwickelt wurde und der *Humanistischen Psychologie* zuzuordnen ist. Die therapeutischen Grundlagen der G. bilden einige Grundannahmen aus der *Psychoanalyse*, Erkenntnisse aus der *Gestaltpsychologie* sowie humanistisches Gedankengut. Nach Auffassung der G. sind *Neurosen* Entwicklungs- und Wachstumsstörungen, wobei vor allem die *Wahrnehmung* des Neurotikers gestört ist. Die betroffene Person ist nicht in der Lage, ihre eigenen Interessen und *Bedürfnisse* wahrzunehmen, noch kann sie mit der äußeren Welt in Kontakt treten.

Die G. verfolgt das Ziel, den Menschen bewußter für sich selbst zu machen und ihm zu mehr Selbstverantwortung zu verhelfen. Dabei wird der Mensch als ein selbstregulierendes ganzheitliches System in seinem Umfeld betrachtet. Jedes *Individuum* trägt in sich die Tendenz, ein inneres Gleichgewicht herstellen zu wollen. Eine Störung der inneren Harmonie kann z. B. durch die unkritische Übernahme elterlicher Einstellungen entstehen, die nicht mit dem Rest der eigenen Persönlichkeit in Übereinstimmung stehen. In der G. reaktivieren die Klienten die *Konflikte*, versuchen sich in neuen Formen der Selbstäußerung und üben sich darin, sich selbst besser zu verstehen und abgespaltene Teile ihrer Persönlichkeit wieder zu einem Ganzen zu verbinden.

Gewissen

Bezeichnung für das von einem Menschen als verbindlich angesehene System von Werten und *Normen*, welches ihn in die Lage versetzt, unabhängig von äußeren Maßstäben zu sittlichen Fragen selbständig Stellung zu nehmen und diese selbst zu bewerten. Aus *entwicklungspsychologischer* Sicht wird das G. als Ergebnis von Prozessen der Verinnerlichung (*Internalisierung*) äußerer Werte betrachtet. Dabei spielen Lern- und *Sozialisationsbedingungen* eine wichtige Rolle. Beispiel: die Vermittlung von Wertvorstellungen durch die Ursprungsfamilie (Eltern). Nach S. FREUD ist das G. weitgehend identisch mit dem

Über-Ich, welches wiederum am Ende der frühen Kindheit entsteht. Den *Triebwünschen* des Kindes wurde von außen (z. B. durch die Eltern) mit Geboten und Verboten entgegengetreten. Das Kind übernimmt diese fremden Sichtweisen bzw. wendet sie nach innen.

Gruppe

Bezeichnung für eine Ansammlung von zwei oder mehr Personen, die durch Gemeinsamkeiten in irgendeiner Form miteinander verbunden sind. Bei G.n unterscheidet man zwischen:

1. Primärgruppe: In unserer Gesellschaft ist dies meist die *Familie* bzw. die G. der Gleichaltrigen. Hier erlebt der Mensch seine ersten *Beziehungen* zu anderen Menschen, die seine Einstellungen und seinen Bezug zur Welt entscheidend beeinflussen;
2. Sekundärgruppe: Darunter versteht man locker gefügte größere Gebilde wie Stadtbevölkerung, Belegschaft eines Betriebs, Vereine usw. Meist gibt es hier nur eine oberflächliche Übereinstimmung in den Interessen und nur wenig Gemeinsamkeiten und Kontakte;
3. formelle Gruppe: Die Zusammensetzung dieser G. entsteht planmäßig und organisiert. Ihre Tätigkeit ist durch Vorschriften geregelt, das Gruppenziel ist genau vorgegeben (Beispiel: politische Gruppierungen);
4. informelle Gruppe: Diese G. entsteht aufgrund persönlicher und gefühlshafter Beziehungen. Das Gewicht liegt hier auf der Befriedigung der emotionalen *Bedürfnisse* der Gruppenmitglieder.

G.n sind für den Menschen von entscheidender Bedeutung. Sie vermitteln soziale und kulturelle *Normen,* Werte, Einstellungen und *Verhaltensweisen.* Sie befriedigen Bedürfnisse nach Anerkennung, *Zuwendung* und Selbstverwirklichung. Eine G. gibt dem Menschen das Gefühl der Sicherheit und Nützlichkeit. Gleichzeitig gibt sie Gelegenheit, *Status* und *Macht* zu erlangen.

Gruppendynamik

Der Begriff G. wurde 1936 von der Schule K. LEWINS geprägt und bezeichnet eine Forschungsrichtung im Rahmen der *Sozialpsychologie.* Die G. beschäftigt sich mit den Arten und Formen der Entstehung und der Funktion von sozialen *Gruppen.* Dabei werden gruppeninterne Prozesse und dynamische Zusammenhänge zwischen Gruppen analysiert. Hierzu finden vor allem Untersuchungen statt über Veränderungen der Gruppenstruktur, der *Differenzierung von Rollen* sowie über die Normen bezüglich *Verhalten* und *Kommunikation* innerhalb einer Gruppe.

Gruppentherapie

Bezeichnung für eine Methode der *Psychotherapie,* bei der mehrere Klienten (meist 6–12 Mitglieder) beiderlei Geschlechts in Gegenwart eines (oder mehrerer) Therapeuten gemeinsam in der Gruppe behandelt werden. Dabei werden geschlossene Gruppen (feste Mitglieder) und offene Gruppen (wechselnde Mitglieder) unterschieden. Der Therapeut nimmt bei einer G. keine zentrale oder autoritäre *Rolle* ein, sondern hat eine mehr hinweisende und ausgleichende Funktion. In einer G. wird die Hilfe meist gegenseitig geleistet. In der Regel haben die Gruppenmitglieder die gleichen Schwierigkeiten. Es wird versucht, diese Schwierigkeiten mit gegenseitiger Unterstützung zu erkennen, um sie dann aus dieser Erkenntnis heraus beheben zu können. Eine besondere Form der G. ist das *Psychodrama*.

Halo-Effekt

Beschreibung für eine *subjektiv* verfälschte *Wahrnehmung* bei der Persönlichkeitsbeurteilung eines Menschen.

Bei einer *diagnostischen* Beurteilung können Fehlerquellen auftreten. Beim H.-E. orientiert sich der Beurteiler an einem vermeintlich zentralen *Merkmal* der Person und stimmt andere Persönlichkeitseigenschaften darauf ab. Beispiel: Wer lügt, der stiehlt auch.

Handlung

Bezeichnung für eine zielgerichtete, bewußt gewählte und eingesetzte *Aktivität* des Menschen, um eine Veränderung in der Umwelt bzw. in der bestehenden Situation herbeizuführen. W. HERZOG beschreibt den Menschen als ein aktives Wesen, das sich zielgerichtet und absichtlich verhält, das sich Alternativen überlegt, seine Ziele wählen und sich entscheiden kann. Eine H., die so zustande kommt, ist begründbar und damit rational. In diesem Sinn ist der Mensch für sein Handeln verantwortlich. Das menschliche Handeln ist nicht nur durch Ursachen bestimmt, sondern auch durch *Motive*, Ziele und Absichten geleitet. Das menschliche Handeln läßt sich verstehen, wenn die Entscheidungen für das Ausführen oder Unterlassen einer H. nachvollziehbar sind. Dies geschieht über die Ermittlung der Ziele, Absichten, Motive und der persönlichen Erwartung der Handlungsergebnisse sowie über die Ermittlung der persönlichen Bewertung und Handlungsfolgen.

Helfersyndrom

Bezeichnung für ein Modell der seelischen Probleme in den sozialen Berufen, das 1977 von Wolfgang SCHMIDBAUER entworfen wurde. Die Grundannahme des H.s besteht darin, daß die *Rolle* des Helfers (z. B. Psychologe, Sozialarbeiter, Krankenschwester usw.) deshalb gewählt wird, um Ängste vor *Abhängigkeit* abzuwehren und um für die betreuten Personen jener *ideale* Elternteil zu sein, der in der eigenen Kindheit schmerzhaft vermißt wurde. Bei einer überstarken Ausprägung des H.s kann es zu *Depressionen*, Erholungsunfähigkeit oder zum Burnout kommen.

Hormone

Der Begriff wurde 1905 von dem englischen Physiologen H. STARLING eingeführt. H. sind Stoffe, die von den endokrinen Drüsen (z. B. Schilddrüse) gebildet und unmittelbar in die Blutbahn abgegeben werden. H. haben einen regelnden und steuernden Einfluß auf die Tätigkeit des Organismus und seiner Organe. Beispiel: Die gesteigerte Absonderung männlicher Geschlechtshormone (Testosteron) in der *Pubertät* führt zur Ausbildung sekundärer Geschlechtsmerkmale wie vermehrtem Bartwachstum im Gesicht oder einer tiefen Stimme. H. beeinflussen in sehr spezifischer Weise auch das psychische Geschehen. Wie H. und *Psyche* genau aufeinander wirken, ist allerdings noch weitestgehend ungeklärt.

Hospitalismus

Allgemeine Bezeichnung für die Gesamtheit der Schäden, die im Zusammenhang mit einem Krankenhausaufenthalt stehen. Speziell genannt werden besondere Anstaltsinfektionen sowie Einflüsse der Krankenhausatmosphäre auf Kinder und Erwachsene. Im engeren Sinn versteht man unter H. alle psychischen und körperlichen *Symptome*, die bei Kindern entstehen, wenn sie nach längerem Aufenthalt in Heimen, Pflegestätten, Kliniken usw. ohne Kontakt mit der Mutter (oder einer entsprechenden *Bezugsperson*) aufwachsen. Das Kind wird zwar materiell und hygienisch einwandfrei versorgt, aber es fehlt ihm an emotionaler *Zuwendung*; R. SPITZ spricht in diesem Zusammenhang von einer Gefühlsmangelkrankheit.

H. äußert sich in Symptomen wie Weinerlichkeit, Daumenlutschen, Teilnahmslosigkeit, *depressiver* Verstimmung, Bewegungsunruhe usw. Weiterhin läßt sich eine verzögerte körperliche (z. B. Laufenlernen) wie auch geistige (z. B. Sprechenlernen) Entwicklung (*Retardierung*) beobachten. Weiterhin tritt eine erhöhte Anfälligkeit für (Infektions-) Krankheiten auf. Lang angelegte Untersuchungen haben ergeben, daß ein bereits fünfmonatiger Heimaufenthalt, bis auf wenige Ausnahmen, bleibende Schäden hinterläßt. Nach Spitz ist die Sterblichkeitsquote hospitalisierter Kinder gegenüber dem Durchschnitt erheblich höher. Um dem H. entgegenwirken zu können, gilt es Maßnahmen zu treffen, die es ermöglichen, daß sich enge *Bindungen* zwischen dem Erzieher (bzw. der Bezugsperson des Kindes) und dem Kind entwickeln können. Kleine, familienähnliche Gruppen z. B. in Heimen (aber auch in Kliniken) könnten eine solche Maßnahme darstellen.

Humanistische Psychologie

Bezeichnung für eine Richtung der amerikanischen Psychologie, deren wichtigster Begründer A. MASLOW war. Weitere führende Vertreter sind FROMM, BÜHLER, ROGERS und MAY. Die H. P. hat sich als dritte Kraft neben den analytisch und verhaltenswissenschaftlich orientierten Ansätzen etabliert. Die humanistischen Theorien betrachten den Menschen als Ganzheit in seinen Zusammenhängen. Ihre Ziele sind die Entwicklung der *Persönlichkeit* in Richtung auf Selbstwahrnehmung, Selbstverwirklichung, Selbsterfüllung, Erfahrung von Verantwortlichkeit und Sinnhaftigkeit. Aus der H. P. haben sich eine Reihe neuerer Psychotherapieverfahren entwickelt wie z. B. die *Gesprächspsychotherapie*, die *Gestalttherapie* und die Transaktionsanalyse.

Hypothese

Bezeichnung für eine theoretisch begründete, erfahrungsgemäß naheliegende und vorläufige Erklärung für komplexe Zusammenhänge, deren endgültige Klärung noch aussteht.

Hysterie

Der griechische Arzt HIPPOKRATES hat den Begriff der H. (griechisch hystera: Gebärmutter) eingeführt. In der Antike verstand man darunter ein typisches Frauenleiden, das auf krankhafte Vorgänge im Unterleib zurückgeführt wurde. Diese Auffassung ist heute widerlegt. Inzwischen weiß man, daß es genauso viele hysterische Männer wie Frauen gibt. H. ist eine *neurotische* Störung, die sich in körperlichen *Symptomen* (z. B. Lähmungen, Sinnesstörungen ohne organische Ursache und in *psychischen* Auffälligkeiten (z. B. Weinkrämpfe) äußert. H. wird als eine Reaktion auf emotional stark belastende Ereignisse verstanden, die aufgrund einer angeborenen oder erworbenen Veranlagung nicht normal verarbeitet werden können.

Ich

Allgemeine Bezeichnung für den Kern oder die Struktur der *Persönlichkeit*. Das I. wird auch als ein sich veränderndes und steuerndes Prinzip bezeichnet, das einen Menschen befähigt, sich als von anderen Menschen verschieden wahrzunehmen. Das I. steuert *bewußt* oder *unbewußt* die Erlebnisse und Handlungen einer Person.

In der *Psychoanalyse* wird das I. neben dem *Es* und *Über-Ich* als eine der drei Persönlichkeitsinstanzen des Menschen bezeichnet. Das I. stellt ein System von bewußten und unbewußten Funktionen dar. Das I. hat die Aufgabe, zwischen den verschiedenen Erfordernissen der Außenwelt, den *Triebwünschen* des Es und den *moralischen* Forderungen des Über-Ichs zu vermitteln. Die bewußten Ich-Funktionen sind die Wahrnehmung, die Erinnerung, das Denken, Planen und Lernen. Die unbewußten Ich-Funktionen sind die *Abwehr* gegenüber dem Es, die Abwehr gegenüber dem Über-Ich und die Bewältigung der Anforderungen in der Außenwelt. Die Ich-Funktionen sind teilweise angeboren, teilweise bilden sie sich erst im Laufe der *Entwicklung* heraus.

Ideal

Bezeichnung für den Inbegriff von Vollkommenheit. Jedes Wunschbild oder *Vorbild* sowie jedes erstrebenswerte Ziel des menschlichen Handelns gilt als ein I. Beispiele: Eine politische Persönlichkeit wird als I. angesehen; ein bestimmter Erziehungsstil wird als vorbildlich (ideal) empfunden.

Identifikation

Bezeichnung für das *bewußte* oder *unbewußte* Übernehmen von Eigenschaften und Verhaltensweisen anderer Personen in das eigene *Ich* durch Verinnerlichung (*Internalisierung*). Bei der I. können bewunderte sowie gefürchtete Züge der Person, die nachgeahmt wird, übernommen werden. Beispiel: I. mit dem Angreifer: Ein Kind ahmt den Gesichtsausdruck des Lehrers nach, vor dem es besonders Angst hat. Durch die Verschmelzung mit dem angsteinflössenden Angreifer (Lehrer) vermindert sich die Angst des Kindes. Beispiel: I. mit einem Vorbild: Ein Jugendlicher ahmt die Verhaltensweisen einer öffentlich beliebten Person nach, die er besonders mag bzw. bewundert.

Imitation

Bezeichnung für die Nachahmung von *Verhaltensweisen*, die bei einem Lebewesen beobachtet werden (*Beobachtungslernen*). Die I. kann absichtlich oder unabsichtlich sein. Sie ist die am häufigsten vorliegende Grundlage des Erwerbs sozialer Fertigkeiten beim Menschen. Die I. ist besonders wichtig im Kindesalter für das Erlernen von Tätigkeiten, Sprache und sozialen Verhaltensweisen. Im späteren Leben wird die Nachahmung oft bewußt eingesetzt, wie z. B. beim Erlernen von Sportarten.

Individualpsychologie

In der älteren Literatur verstand man unter I. die Lehre von den individuellen, seelischen Besonderheiten eines Menschen. Heute verwendet man den Begriff fast ausschließlich für die von A. ADLER (1870-1937) begründete Richtung der *Tiefenpsychologie* und *Psychotherapie*.

Im Gegensatz zur Psychoanalyse, die den Hauptantrieb des menschlichen Handelns im Sexualtrieb sieht, geht die I. davon aus, daß angeborene soziale Bedürfnisse bzw. das Gemeinschaftsgefühl Hauptantriebe für menschliches Handeln sind. Der Mensch ist nach Auffassung der I. aus seinem Lebensplan heraus zu verstehen. Das Individuum ist bestrebt, soziale Anerkennung zu erreichen sowie *Minderwertigkeitskomplexe* auszugleichen, die bereits in der frühen Kindheit entstanden sind (z. B. durch Hilflosigkeit, Entmutigung, Unterlegenheit, Geringschätzung seitens der Eltern usw.). Diese Minderwertigkeitskomplexe werden durch Geltungs- oder Machtstreben *kompensiert* (ausgeglichen), um das *Selbstwertgefühl* wieder herzustellen. Dabei kann es zu einer Überkompensation kommen. Hieraus entwickeln sich dann u.a.

neurotische Erscheinungen. Die I. nach Adler hat nachhaltig weite Bereiche der Pädagogik, Sozialarbeit und Psychotherapie beeinflußt.

Individuum

Bezeichnung für ein Einzelding oder Einzelwesen (z. B. Tier, Pflanze), wobei sich der Begriff insbesondere auf den einzelnen Menschen in seiner Einzigartigkeit bezieht. Unter Individualität versteht man die Einzigkeit, Einmaligkeit und Unvergleichbarkeit des I.s. Von individuellem *Verhalten* spricht man, wenn sich bestimmte *Merkmale*, Eigenarten oder Fähigkeiten auf die betreffende Person beziehen (und nicht auf soziale *Normen*).

Intelligenz

Der Begriff I. wird sehr unterschiedlich definiert. Allen Erklärungsversuchen gemeinsam ist, daß sie als wichtigstes Moment der I. die Fähigkeit bezeichnen, sich an neue Situationen anzupassen bzw. Aufgaben mithilfe des *Denkens* zu lösen. W. STERN definiert I. als die Flexibilität des Denkens und die Fähigkeit zur *Anpassung* an die Erfordernisse neuer Situationen. Nach PAULI versteht man unter I. die Befähigung zu Leistungen, die unmittelbar in Denkvorgängen bestehen oder eng damit zusammenhängen. Und WENZL beschreibt I. als Fähigkeit zur Erfassung und Herstellung von Bedeutungen, Beziehungen und Sinnzusammenhängen. Die Begriffe I. und Intellekt werden häufig gleichbedeutend verwendet. Die I. wird eher unter dem Mengenaspekt betrachtet (man kann mehr oder weniger I. haben), als Intellekt wird die besondere Denkfähigkeit des Menschen bezeichnet.

Die Messung der I. geschieht mithilfe der sog. *Intelligenztests*. Alle Intelligenztests sind so angelegt, daß einzelne Intelligenzfaktoren durch eine Reihe von Aufgaben verschiedener Schwierigkeitsgrade gemessen werden. Intelligenzfaktoren sind z. B. Sprachverständnis, logisches Denken, Raumvorstellung, Wahrnehmungsgeschwindigkeit, Rechenfähigkeit und *Gedächtnisleistungen*. Je mehr Aufgaben innerhalb einer festgelegten Zeit gelöst werden, desto höher ist die Ausprägung des betreffenden Intelligenzfaktors. Auf diese Art lassen sich zwei Dinge erkennen:

1. der *Intelligenzquotient* (IQ), der angibt, welchen Rangplatz die Person innerhalb der Vergleichsgruppe einnimmt;
2. das Intelligenzprofil, das einzelne Stärken und Schwächen der I. erkennen läßt.

Intelligenztests sind ein Hilfsmittel der Forschung und psychologischen Beratung, und werden in fast allen Bereichen des öffentlichen Lebens eingesetzt. Beispiel: Schulberatung, Berufsberatung usw. Ihr Nachteil besteht darin, daß sie kein richtiges Bild der gesamten *Begabungen* des Menschen vermitteln können. *Kreativität*, schöpferisches Erfinden, soziale Fertigkeiten und künstlerische Fähigkeiten werden nicht mit einbezogen, obwohl sie für den Lebenserfolg von größter Bedeutung sind. Weiterhin hängen die Ergebnisse der Intelligenztests stark von der jeweiligen *Testsituation* ab, von den *Motiven* der getesteten Personen sowie von deren Prüfern.

Intelligenzalter

Der Begriff wurde von A. BINET (1908) eingeführt und bezeichnet den Stand der Intelligenz eines Kindes, der sich auf die geistige Leistungsfähigkeit des altersgemäßen Intelligenzdurchschnitts bezieht. Das I. wird aus der Anzahl der Testaufgaben errechnet, die für die jeweilige Altersgruppe als lösbar gelten. Beispiel: Schaffen z. B. in einem bestimmten Test 10jährige Kinder durchschnittlich 80 Punkte, so wird jedem Kind, das genau 80 Punkte erreicht, das I. „10 Jahre" zugewiesen. Das I. kann höher sein als das Lebensalter (wenn z. B. ein Zehnjähriger den Durchschnitt der Zwölfjährigen erreicht), aber auch niedriger (wenn z. B. ein Zehnjähriger nur den Durchschnittspunktwert der Achtjährigen erreicht). Der Begriff I. wird heute meist durch den Begriff *Intelligenzquotient* ersetzt.

Intelligenzquotient

Der Begriff wurde von William STERN (1912) eingeführt und ist das Maß für die intellektuelle Leistungsfähigkeit einer Person, die sich auf den durchschnittlichen Entwicklungsstand von Gleichaltrigen bezieht. Der I. ergibt sich aus dem Verhältnis von *Intelligenzalter* (IA) zum Lebensalter (LA) nach der Formel $IQ = 100 \, IA / LA$. Der Wert von 100 bedeutet hierbei eine genau durchschnittliche Intelligenz. Das Intelligenzalter ergibt sich aus der Anzahl der Testaufgaben, die für die jeweilige Altersgruppe als lösbar ermittelt worden sind. Werden neben den Aufgaben der eigenen Altersgruppe auch Aufgaben einer höheren Altersgruppe gelöst, so übersteigt das Intelligenzalter das Lebensalter und der I. liegt über 100.

Interaktion

In der Biologie versteht man unter I. die wechselseitige Beeinflussung verschiedener Teilsysteme. Beispiel: Das Nervensystem beeinflußt das *Hormonsystem*, welches wiederum das Nervensystem beeinflußt. In der *Statistik* meint I. den gemeinsamen Effekt, den zwei oder mehrere unabhängige *Variablen* über ihre Einzeleffekte hinaus auf eine abhängige Variable haben. In der *Sozialpsychologie* bezeichnet man als I. die durch *Kommunikation* vermittelte gegenseitige Beeinflussung von Personen im Hinblick auf ihr Verhalten, ihr Handeln, ihre Einstellungen usw.

Internalisierung

Bezeichnung für einen Vorgang, in dem Auffassungen, Werte und *Normen* anderer Personen in die eigene innere Welt übernommen werden. Die Verinnerlichung findet insbesondere in der kindlichen *Sozialisation* statt. In der *Psychoanalyse* wird der Begriff I. häufig synonym mit *Introjektion* verwendet.

Interview

Der Begriff stammt aus dem englischen Sprachraum und bezeichnet ganz allgemein die üblichen Befragungsgespräche in z. B. der Meinungsforschung, Klinischen Psychologie, *Diagnostik* usw. Daten über Menschen lassen sich durch *Beobachtung* oder Befragung gewinnen. Unter den Techniken der Datensammlung ist die Befragung bzw. das I. das am meisten benutzte. Nach KESSLER (1988) versteht man unter einem I. eine zielgerichtete mündliche Verständigung zwischen einem (oder mehreren) Befrager(n) und einem (oder mehreren) Befragten, wobei die Sammlung von Informationen über das Verhalten und Erleben der befragten Personen im Vordergrund steht. Bei den Interviewformen unterscheidet man wie folgt:

1. standardisiertes I.: Wortlaut, Reihenfolge der Fragen, Antwortmöglichkeiten und Interviewerverhalten sind genau festgelegt. Diese Interviewform ist weit verbreitet, weil sie bei mehreren Versuchspersonen eine größtmögliche Vergleichbarkeit der Antworten ermöglicht;

2. halbstandardisiertes I.: Die Fragen sind auch hier in Form eines Fragenkatalogs vorgegeben. Im Unterschied zum standardisierten I. kann aber der Interviewer bei dieser Befragungsform den Wortlaut der Fragen verändern, Fragen erläutern oder auch ganz weglassen, Zusatzfragen stellen usw.;

3. Tiefen-I.: Hier gibt es lediglich einen Interviewleitfaden, in dem vor allem die Ziele des I.s festgehalten sind sowie einige Themengruppen. Das I. verläuft in der Form eines freien, aber dennoch gesteuerten Gesprächs. Diese Form des I.s eignet sich vor allem für eine vollständige Darlegung individueller Fälle. Die Daten aus solchen unstrukturierten I.s kann man jedoch nicht miteinander vergleichen, da eine Standardisierung der individuellen Bedeutung im Laufe des I.s nicht möglich ist.

In I.s gibt es weiterhin verschiedene Formen der Fragestellungen:

1. Die geschlossene Frage erlaubt dem Befragten nur vorgegebene Antworten wie z. B. „ja" oder „nein" oder aber eine Auswahl von vorgelegten Antworten.

2. Die offene Frage gestattet freie Antworten.

3. Die halboffene Frage gestattet nicht vorgesehene, aber dennoch zugelassene Antworten.

4. Direkte Fragen verdeutlichen von vornehereri den Sinn und Zweck der Frage.

5. Indirekte Fragen verschleiern die Zielrichtung, um sozial erwünschte Antworten auszuschalten.

6. Fragebatterien dienen einer möglichst umfassenden Untersuchung eines Themenkomplexes.
7. Mit Folgefragen faßt man zuvor gestellten Fragen nach.
8. Fang- und Kontrollfragen dienen zur Überprüfung von Antworten.

Introjektion

Bezeichnung für die Aufnahme von bestimmten Teilen des Verhaltens, spezifischen Merkmalen oder Anschauungen einer anderen Person in die eigene Persönlichkeit. Nach S. FREUD versteht man unter I. das Übernehmen von Lebens- und Moralauffassungen von Personen, mit denen sich der heranwachsende Mensch *identifiziert*, als eigene *Normen*.

Introversion

Die Begriffe I. und *Extraversion* wurden von C.G. JUNG (1921) eingeführt, der damit zwei Persönlichkeitstypen beschrieb, deren grundlegende *Merkmale* seiner Ansicht nach angeboren sind: Der Extravertierte orientiert sein Erleben und Handeln vorrangig an der Außenwelt, der Introvertierte eher an der Innenwelt. I. ist eine Persönlichkeitseigenschaft und gekennzeichnet durch ein zögerndes und abwartendes Wesen, das mehr beobachtet als handelt und sich leicht in die Defensive drängen läßt. In dem Dimensionensystem von H.J. EYSENCK sind I. und Extraversion zu zentralen Begriffen der Persönlichkeitstheorie geworden.

Durch Fragenbogen-Items läßt sich die Ausprägung der I. (bzw. Extraversion) direkt ermitteln. I. geht häufig einher mit gesteigerter Selbstbezogenheit, Entscheidungsunfreudigkeit, Neigung zu *Neurosen*, Überangepaßtheit an soziale *Normen* und Mißtrauen gegenüber Menschen.

Inzest

Bezeichnung für den Geschlechtsverkehr zwischen Blutsverwandten, z.B. zwischen Vater und Tochter, Bruder und Schwester, Onkel und Nichte usw. I. wird von der Gesellschaft streng *tabuisiert* (Inzestverbot) und durch § 173 StGB als Sittlichkeitsdelikt mit bis zu 5 Jahren Freiheitsstrafe belegt. I. findet sehr viel häufiger statt als es die Statistiken belegen (Dunkelziffer). Die Opfer finden nur selten Schutz bei dem anderen Elternteil. Eine zusätzliche Belastung für die Betroffenen stellen die Drohungen dar, mit denen die schuldigen Erwachsenen versuchen, ihre Taten zu verheimlichen. I. führt nachweislich zu starken *Ängsten*, sexuellen Störungen, *Depressionen* und anderen *psychischen Störungen*.

Isolation

Bezeichnung für die Absonderung und Vereinzelung von Menschen. Die I. kann sich auf einzelne Personen (z.B. Einzelgänger, Geisteskranke), Verbrecher usw.) beziehen oder aber auf ganze Gruppen von Menschen (z. B. Angehörige bestimmter Kulturen, Religionen usw.). Bei der I. unterscheidet man weiterhin zwischen einer freiwilligen oder einer erzwungenen Absonderung. Zu letzterer zählen z.B. die Vertreibung, der Ghettozwang (Leben in einem abgeschlossenes Viertel einer Stadt) oder die Apartheid (Trennung zwischen schwarzen und weißen Menschen). Eine I. hat vielfältige Begleit- und Folgeerscheinungen wie z. B. Resignation und Aggression.

Kanalisierung

Unter K. versteht man in der *Entwicklungsspsychologie* einen Vorgang, bei dem die *Bezugspersonen* Einfluß auf die Entwicklungsmöglichkeiten des Kindes nehmen, indem sie bestimmte Verhaltensweisen, Fähigkeiten, Einstellungen usw. fördern und andere vernachlässigen bzw. verhindern. Wird zum Beispiel in der Erziehung viel Wert auf *Anpassung* und Unterordnung gelegt, so erschweren bzw. verhindern die Erziehungspersonen, daß das Kind lernt, seine Wünsche und *Bedürfnisse* kennenzulernen, zu entwickeln und durchzusetzen. Auch die Erziehung zur männlichen bzw. weiblichen *Geschlechtsrolle* ist ein Beispiel für K., wobei diese meist *unbewußt* verläuft und stark von *kulturellen* und gesellschaftlichen Zusammenhängen geprägt ist.

Kastrationsangst

Der Begriff stammt von S. FREUD und bezeichnet die *Angst* des Jungen vor dem mächtigen Vater, daß dieser ihm sein Geschlechtsorgan (Penis) abschneiden könne, weil der Knabe die Mutter begehrt. Die K. des Jungen entsteht häufig auch als Reaktion auf elterliche Drohungen. Beispiel: Eltern verbieten die Selbstbefriedigung bzw. das Spielen des Jungen mit seinen Geschlechtsteilen. Bei Wiederholung drohen sie damit, den Penis abzuschneiden. Die Beobachtung des Jungen, daß Mädchen keinen Penis besitzen, führt bei ihm zur Vermutung, daß Mädchen kastriert worden sind. Nach Freuds (umstrittener) Theorie empfinden Mädchen die Penislosigkeit als Nachteil (Penisneid), den sie zu *kompensieren* versuchen.

Katatonie

Diese Krankheit wurde zuerst von dem Psychiater K.L. KAHLBAUM (1828–1899) beschrieben. K. ist die Bezeichnung für ein psychisches Krankheitsbild, das vorwiegend durch Störungen der Willkürbewegungen gekennzeichnet ist. Man unterscheidet zwei Formen:

1. katatoner Sperrungszustand: Der Kranke ist erstarrt wie eine Statue, antwortet auf keine Frage, folgt keiner Anweisung und ist völlig von der Umwelt zurückgezogen. Dabei ist er hellwach. Meist sind mit diesem Zustand auch noch Sinnestäuschungen, Gefühls- und Denkstörungen verbunden;

2. katatoner Erregungszustand. Bezeichnung für eine schwere *psychomotorische* Erregung mit sinnlosem Umsichschlagen, das schnell die Kräfte des Kranken aufzehrt. Aus dem Sperrungszustand kann unvermittelt die Erregung (manchmal nur für ganz kurze Zeit) durchbrechen, wobei es zu Selbstverstümmelungen und Selbsttötungsversuchen kommen kann.

Die einzelnen Krankheitsphasen können Tage bis Monate andauern. K. kommt hauptsächlich bei *Schizophrenie* vor, aber auch bei Infektionen (z. B. Tuberkulose), Hirntumoren oder endogenen *Depressionen*. Die Therapie erfolgt durch Elektrokrampfbehandlung, begleitet von Pharmakotherapie und Insulinkomabehandlung.

Kindchenschema

Bezeichnung für die Kombination verschiedener Körper- und Verhaltensmerkmale, die für das Kleinkind charakteristisch sind und beim Erwachsenen als Schlüsselreiz den Pflegeinstinkt ansprechen und entsprechendes soziales Verhalten auslösen. Nach K. LORENZ gehören zum K. neben einer kleinen Körpergestalt rundliche Körperformen, ein im Verhältnis zum übrigen Körper großer Kopf, eine hohe vorgewölbte Stirn, große Augen, rundliche Wangen (Pausbacken) und Patschhändchen. Hinzu kommen noch die zaghaften bis tolpatschigen Bewegungen des Kleinkindes, auf die der Erwachsene mit einer positiven Gesamteinstellung reagiert. Die Spielzeugindustrie hat sich das K. bei ihrer Produktion von Puppen und Plüschtieren zunutze gemacht, wobei verschiedene Einzelmerkmale des K.s stark übertrieben werden. Hier spielt das K. eine verkaufsfördernde Rolle.

Klaustrophobie

Allgemeine Bezeichnung für die *Angst*, sich in einem geschlossenen Raum aufzuhalten. Dies gilt z. B. für die Angst in Fahrstühlen, Eisenbahnen oder Bussen, in Konzert- oder Kinosälen und in kleinen Geschäften, insbesondere dann, wenn dies mit Menschenansammlungen verbunden ist. Die K. gehört zu den Angsthysterien und tritt häufig mit anderen *Phobien* oder *neurotischen* Symptomen gleichzeitig auf. Als therapeutisch wirksame Methode hat sich die *Verhaltenstherapie* sowie in manchen Fällen auch die *Psychoanalyse* erwiesen.

Kleptomanie

Bezeichnung für *zwanghaftes* und triebhaftes Stehlen von Gegenständen. Die gestohlenen Dinge haben dabei meist nur einen geringen materiellen Wert. Nach Meinung der *Psychoanalyse* ist diese Art des Diebstahls eine Ersatzbefriedigung für unterdrückte Wünsche. Es wird weiter angenommen, daß die entwendeten Dinge nur einen *Symbolwert* haben und auf die *verdrängten* Bewußtseinsinhalte hinweisen. Andere psychologische Schulen wiederum betrachten die K. als eine versteckte Form des Widerstands gegen die Gesellschaft bzw. stellen das erregende Gefühl beim Stehlen als *Motiv* für den Diebstahl in den Vordergrund.

Klinische Psychologie

Bezeichnung für ein Teilgebiet der Psychologie, das sich mit der *Diagnose* von *psychischen Störungen* sowie der Beratung und Behandlung von Menschen, die sich in persönlichen Krisen befinden, beschäftigt. Die K. P. befaßt sich mit Störungen, die in erster Linie auf einer falschen Verarbeitung von Erlebnissen beruhen, d. h. seelisch bedingt sind. Die K. P. beinhaltet nicht nur die Anwendung psychologischer Kenntnisse in der Klinik. Sie erforscht auch die Gesetzmäßigkeiten des gestörten Erlebens und entwickelt mögliche Behandlungstechniken sowie Vorbeugungsmöglichkeiten. Die Forschungsaufgaben der K. P. sind:

1. Symptomatologie: Beschreibung der Symptome der psychischen Störung;
2. *Neurosenlehre:* Beschäftigung mit Entstehung und Vorkommen verschiedener Neuroseformen;
3. Ätiologie: organische, psychische und soziokulturelle Ursachenforschung psychischer Störungen.

Die Funktionen der K. P. in der Praxis sind:

1. *Diagnostik:* Mit psychologischen Testverfahren werden Ausprägung, Ursachen und Formen psychischer Störungen festgestellt.
2. Nach der diagnostischen Einordnung folgt eine Beratung bzw. Psychotherapie;
3. Prophylaxe: Vorbeugung von Störungen.

In der K. P. ist eine Zusammenarbeit zwischen Medizinern und Psychologen dringend erforderlich, da die meisten psychogenen Störungen mit körperlichen Beschwerden verbunden sind und/oder sich als organische Krankheiten äußern (z. B. in Magengeschwüren, Herzrasen, Schweißausbrüchen usw.).

Kognition

K. ist eine ungenaue Sammelbezeichnung für alle Vorgänge und Inhalte, die mit dem Gewahrwerden und Erkennen zusammenhängen. K. ist Ausdruck für jeden Prozeß, durch den ein Lebewesen Kenntnis von einem Objekt erhält oder sich seiner Umwelt bewußt wird. Zur K. zählen: *Wahrnehmung*, Erkennen, Vorstellung, Urteilen, *Gedächtnis*, *Lernen*, Erinnerung, *Denken*, aber auch Vermutung, Erwartung, Plan und *Problemlösen*.

kollektives Unbewußtes

Der Begriff wurde von C.G. JUNG eingeführt und bezeichnet eine Form des *unbewußten* Erlebens, das nicht durch Erfahrung entstanden, sondern vererbt und angeblich allen Menschen gemeinsam ist. Im Unterschied dazu existiert das persönliche Unbewußte. Die Inhalte des kollektiven Unbewußten sind die Archetypen (Urbilder), die das Verhalten und Erleben der Menschen beeinflussen. Beispiele: Mann, Frau, Teufel, Hexe usw.

Kommunikation

K. ist die allgemeine Bezeichnung für den Austausch von Informationen. Sie ist gleichzeitig die wichtigste Form sozialer *Interaktion*. Bei der K. werden vier Komponenten unterschieden:
1. der Sender, auch Kommunikator genannt. Dieser stellt die Informationsquelle dar;
2. die Information. Damit ist die Botschaft gemeint, die übermittelt wird;
3. der Kommunikationskanal, manchmal auch als Medium bezeichnet. Dieser kann akustischer (z. B. bei gesprochener Sprache), optischer (z. B. bei Gebärdensprache) oder taktiler Art sein (z. B. bei Blindenschrift);
4. der Empfänger, der die Information erhält.

Bei der K. unterscheidet man weiterhin drei Formen:
1. intrapersonale K.: Darunter versteht man den Austausch, der innerhalb einer Person abläuft. Beispiel: Aufnahme von Daten aus der Umwelt;
2. interpersonale K.: Hier ist der Austausch von Informationen zwischen mindestens zwei Personen gemeint;
3. mediengebundene K., auch als Massenkommunikation bezeichnet. Hier läuft der Austausch von Informationen zwischen den Massenmedien und den Medienkonsumenten.

Die drei Phasen der Kommunikationsprozesse sind:
1. die Verschlüsselung (Encodierung),
2. die Übermittlung (Signalisierung),
3. die Entschlüsselung (Decodierung bzw. Interpretation).

In jeder Phase können Störungen auftreten, die zu verfälschten Informationen führen können. Damit K. überhaupt stattfinden kann, muß die Information so übermittelt werden, daß der Empfänger sie verstehen kann. Das bedeutet, daß das Kommunikationsmittel (z. B. eine bestimmte Sprache) allen beteiligten Personen bekannt sein muß.

Kompensation

Begriff aus der *Individualpsychologie* A. ADLERs. Danach werden angeborene, wirkliche oder vermeintliche Mängel (körperlicher oder psychischer Art) durch besondere Leistungen auf anderen Gebieten (sozial, geistig) ausgeglichen. So mag jemand den Wunsch nach Liebe, die ihm verwehrt wird oder die er durch ungünstige Persönlichkeitsmerkmale nicht erlangen kann, dadurch ersatzweise befriedigen, daß er nach politischer Macht, sozialer Anerkennung oder ähnlichem strebt. Im Gegensatz zur Verschiebung kompensiert man nicht auf derselben Ebene, sondern auf einer „niedrigeren", die lediglich (aber immerhin) als Ersatz empfunden wird. Die Gefahr der K. besteht nach Adler in einem übersteigerten und unangemessenen Streben nach Geltung und Anerkennung, was sich wiederum in rücksichtslosem und sozial störendem Verhalten äußern kann.

Komplex

In der *Psychoanalyse* bezeichnet K. eine Gruppe von zusammenhängenden Vorstellungen und Gefühlen, die meist verdrängt worden sind und *unbewußt* das Fühlen, Denken und Handeln des Menschen bestimmen. K.e entstehen gewöhnlich in der Kindheit, beeinflussen die *Entwicklung* des Menschen und wirken auch später noch indirekt auf das bewußte Erleben und *Verhalten* des Menschen ein. Beispiel für K.e: *Minderwertigkeitsgefühl, Ödipus-Komplex, Elektra-Komplex* usw.

Konditionierung

Allgemeine Bezeichnung für das Erlernen eines bestimmten Reiz-Reaktions-Musters: Auf einen bestimmten *Reiz* (Stimulus) erfolgt eine entsprechende *Reaktion* (Response). Man unterscheidet zwei Formen der K.:
1. klassische K.: Von PAWLOW entdecktes Prinzip der Steuerung von Reflexreaktionen durch ursprünglich neutrale Außenreize. Wird ein neutraler Reiz mit einer angeborenen Reaktion verknüpft, erfolgt nach einer gewissen Zeit die bedingte Reaktion. Beispiel: Ein neutraler Reiz, z. B. ein Ton, wird kurz vor einem unkonditionierten Reiz, z. B. Futter, einem Hund dargeboten. Dies löst eine unkonditionierte Reaktion, z. B. Speichelfluß, aus. Nach wiederholter Paarung (Ton und Futter) löst der neutrale Reiz (Ton) auch ohne den unkonditionierten Reiz (Futter) eine konditionierte Reaktion (Speichelfluß) aus;
2. operante K.: Nach B.F. SKINNER kann die *Motivation* für ein auf die Umwelt einwirkendes *Verhalten* je nach Reaktion der Umwelt verstärkt oder abgeschwächt werden. Beispiel: Versuchstiere, die zufällig den Öffnungsmechanismus ihres Problemkäfigs (Skinner box) entdecken und dafür mit Futter belohnt werden, finden den Mechanismus in der Folge immer schneller. Bei der operanten K. muß das Versuchsobjekt die zu *verstärkende* (belohnende) Handlung immer selbst finden.

Konflikt

Bezeichnung für das Bestehen von zwei oder mehreren unvereinbaren *Motiven* oder Interessen. Zu Konflikten kommt es, wenn zwischen der Annäherung und der Abwendung von Handlungstendenzen entschieden werden muß. Die daraus entstehende Spannung kann sich lähmend auswirken und wird entweder durch die Bewältigung des Konflikts gelöst oder durch deren *Verdrängung*.

Beispiel: Ein kleines Kind, das von seiner Mutter körperlich bestraft wird, gerät in einen Konflikt: Es haßt die Mutter, weil diese ihm Schmerzen zufügt. Gleichzeitig ist das Kind von der Mutter aber *abhängig* und muß sich unbedingt deren Liebe erhalten. Der Haß gegen die Mutter darf nicht zum Ausdruck gebracht werden, weil das Kind sonst möglicherweise die Zuneigung der Mutter verliert. Dieser Konflikt wird von dem Kind häufig durch Verdrängung gelöst. Der Haß ist dadurch nicht mehr im Bewußtsein, wird aber dennoch nicht unwirksam und kann zu unerklärlichem Handeln (z. B. Bestehlen der Mutter als Ersatzbefriedigung) oder *Neurosen* führen. Die *Psychoanalyse* versucht u. a. verdrängte Konflikte aufzudecken und sie im Rahmen einer *Psychotherapie* nachträglich zu bewältigen. Dabei geht es hauptsächlich darum, die schädlichen Folgen einer Konfliktbewältigung durch Verdrängung rückgängig zu machen und reifere Formen des Umgangs mit Konflikten zu entwickeln. Dadurch hat die betreffende Person die Möglichkeit, künftige Wiederholungen dieses Konfliktes und deren Folgeerscheinungen zu vermeiden. K. LEWIN unterscheidet zwischen verschiedenen Formen von Konflikten:

1. Annäherungs-Annäherungs-Konflikt (Appetenz-Appetenz-Konflikt). Eine Person hat zwischen zwei gleichermaßen begehrten Zielen zu wählen. Beispiel: Soll ich im Urlaub in die Berge oder ans Meer fahren?
2. Vermeidungs-Vermeidungs-Konflikt (Aversions-Aversions-Konflikt). Eine Person hat die Wahl zwischen zwei unerwünschten Situationen. Beispiel: Soll ich unvorbereitet in die Prüfung gehen oder gleich die Schule schwänzen, um keine schlechte Note zu riskieren?
3. Annäherungs-Vermeidungs-Konflikt (Appetenz-Aversions-Konflikt). Eine Person möchte ein *Motiv* befriedigen, muß dafür aber etwas Unerwünschtes in Kauf nehmen. Beispiel: Soll ich mir das teure Auto kaufen und dafür in den nächsten fünf Jahren auf Urlaubsreisen verzichten?

Konformität

Bezeichnung für *Verhaltensweisen* und Einstellungen, die sich eng an den *Normen* und Standards der Bezugsgruppe orientieren. Die einzelne Person bemüht sich dabei um größtmögliche *Anpassung* an die in der Gruppe geltenden sozialen Normen. Beispiel: In einem Wahrnehmungsexperiment sind von 10 Teilnehmern 7 Personen heimliche Mitarbeiter des Versuchsleiters. Bieten diese sieben Personen bei einer Aufgabe eine falsche Lösung an, schließt sich 1/3 der anderen Teilnehmer diesem Urteil an, obwohl dies nicht ihrem eigenen Eindruck entspricht. Die K. ist am stärksten ausgeprägt bei komplexen Aufgaben oder dann, wenn die Teilnehmer einem größerem Druck ausgesetzt sind.

Konversion

Bezeichnung für die Umsetzung eines seelischen *Konflikts* in körperliche *Symptome*, ohne daß ein organischer Befund dafür vorliegt. Auf diese Weise kommen die Symptome des Konflikts in *symbolischer* Form zum Ausdruck, und die *Psyche* wird dabei gleichzeitig entlastet.

Durch die K. werden unzulässige Wünsche (z. B. Sexualwünsche), Phantasien oder Erinnerungen in das *Unbewußte verdrängt.* Sie werden dort jedoch nicht vernichtet, sondern in körperliche Beschwerden und Symptome umgesetzt, die sich dann als Lähmungserscheinungen, Sensibilitätsstörungen usw. äußern können. Beispiel: Eine Frau, die von der Untreue ihres Mannes erfährt, erblindet plötzlich, ohne daß sich eine organische Ursache dafür nachweisen läßt. Durch die Erblindung bindet die Frau ihren Partner stärker an sich, und der Seitensprung rückt in den Hintergrund oder wird sogar als Gerücht dargestellt. Krankheitszeichen, die durch K. entstanden sind, haben manchmal symbolische Bedeutung. Im genannten Beispiel könnte es ein Nicht-sehen-Wollen des Seitensprungs sein. Das trifft allerdings nicht für alle seelisch bedingten Krankheiten zu. Die K. tritt häufig bei der *Hysterie* auf. Es wird angenommen, daß dafür eine bestimmte Veranlagung vorhanden ist.

Korrelation

Allgemeine Bezeichnung für den Zusammenhang bzw. die *Wechselwirkung* zwischen *Merkmalen* oder Ereignissen. Beispiel: Intelligenz und Schulnoten. In der Regel weist ein Schüler mit einem höheren Intelligenzquotienten auch bessere Schulnoten auf. Dennoch sagt eine solche korrelative Beziehung nicht unbedingt etwas über einen Ursache-Wirkung-Zusammenhang aus, denn das eine kann das andere beeinflussen, oder aber beide Merkmale werden von einem dritten Faktor (z. B. Umgebung) bestimmt. Die Auswertung von K.en wird vor allem mit dem Verfahren der Faktorenanalyse durchgeführt.

Kreativität

Bezeichnung für die Fähigkeit des Menschen, bei *Problemlösevorgängen* neue Lösungsmöglichkeiten zu entdecken und flexibel ungewöhnliche, aber sinnvolle Ideen in verschiedenen Lebensbereichen zu produzieren (wie z. B. in der Technik). Kreative Lösungen entstehen nicht zufällig, sondern basieren auf Erfahrungen, gelernten Informationen und der Fähigkeit, Probleme zu erkennen.

Kreatives Denken unterscheidet sich wesentlich von sonstigen Problemlösetechniken und ist nur wenig von der *Intelligenz* eines Menschen abhängig. Kreative Menschen zeichnen sich durch die Fähigkeit aus, nicht zueinander gehörende Zusammenhänge zu verbinden, sich von Konventionen (Herkömmlichem) freizumachen und den Gruppendruck zu ignorieren. In der Intelligenzforschung ist die K. der menschlichen Leistungsfähigkeit bislang vernachlässigt worden, obwohl sie für den sozialen und persönlichen Erfolg im Leben genauso wichtig ist wie die Intelligenz.

Kultur

Bezeichnung für die Veredelung und Wertsteigerung der Natur durch den Menschen. K. kann sich in den verschiedensten Gebieten entfalten:
1. wirtschaftliche K. Beispiele: Technik, Industrie, Handel usw.,
2. soziale K. Beispiele: Gesellschaft, Erziehung, Sitte usw.,
3. geistige K. Beispiele: Kunst, Wissenschaft, Sprache usw.

Unter Kultivierung versteht man die Umbildung der Natur. Sie ist ein wesentliches Merkmal des Menschen und unterscheidet diesen deutlich vom Tier.

Längsschnittuntersuchung

Bezeichnung für die systematische Beobachtung von einem oder mehreren *Merkmalen* (z. B. Intelligenzentwicklung) an einer oder mehreren Personen über einen längeren Zeitraum (z. B. 20 Jahre).

Bei dieser psychologischen Forschungsmethode werden von den untersuchten Personen zu verschiedenen Zeitpunkten nach demselben oder einem vergleichbaren Vorgehen (z. B. durch Tests) Daten erhoben, um die psychische Entwicklung der einzelnen Personen zu verfolgen. Durch die Zusammenfassung der Ergebnisse läßt sich eine generelles Längsschnittmodell für den Aufbau sowie Abbau der verschiedenen Fähigkeiten des Menschen gewinnen. Im Gegensatz dazu steht die *Querschnittuntersuchung*.

Latenzperiode

Begriff aus der *Psychoanalyse*, der von S. FREUD eingeführt wurde. Die L. ist der zwischen dem 6. und 12. Lebensjahr liegende Zeitabschnitt der seelischen Entwicklung. Die L. ist gekennzeichnet durch das Zurücktreten der kindlichen *Sexualität* bei gleichzeitiger *Entwicklung* geistiger und sozialer Fertigkeiten (Lesen, Schreiben usw.). Ebenfalls werden zu anderen Menschen außer zu den Eltern *Beziehungen* hergestellt. In dieser Zeit findet eine Entwicklung bzw. Stärkung des *Ichs* und *Über-Ichs* statt.

Lebenstrieb

In seiner Triebtheorie unterschied S. FREUD zunächst den L. und Selbsterhaltungstrieb. Später, um 1920, stellte er den L. dem *Todestrieb* gegenüber. Nach S. Freud ist der L. ein Grundantrieb des Menschen zur Erhaltung des Lebens, der den Geschlechtstrieb und den Selbsterhaltungstrieb umfaßt.

Legasthenie

Bezeichnung für eine Schwäche beim Erlernen des Lesens, die sich vor allem in der Umstellung und Verwechslung einzelner Buchstaben oder Wortteile äußert. Der Legastheniker hat eine vergleichsweise normale oder nur leicht unterdurchschnittliche *Intelligenz*. Mit der L. geht meist auch eine Schwierigkeit des fehlerfreien Schreibens einher (Schreibschwäche).

L. besteht meist bis ins Erwachsenenalter hinein. Bei frühzeitiger Hilfe (z. B. durch Aufmerksamkeitstraining, systematische Verbesserung des Schreibvermögens, intensives Üben usw.) kann diese Lernstörung nach und nach abgebaut werden. In der Medizin erklärt man sich die L. mit einer verringerten Leistungsfähigkeit der Großhirnrinde für die entsprechenden Projektionsfelder.

In der *Psychologie* und *Pädagogik* erklärt man sich die L. als eine schulische Lernstörung, die verschiedene Ursachen haben kann wie z. B. geringe sprachliche *Begabung*, Konzentrationsschwäche, mangelnde *Motivation*, Überforderung des Kindes durch die Eltern, körperliche Entwicklungsverzögerungen usw. Ein Zusammenhang zwischen L. und Linkshändigkeit konnte nicht festgestellt werden.

Leistung

Allgemeine Bezeichnung für das erfolgreiche Erreichen eines Ziels bzw. für das erfolgreiche Lösen von Aufgaben (z. B. bei Tests). Für eine L. sind nicht nur Befähigung (z. B. *Begabung*, *Intelligenz*) und Ausbildungsstand entscheidend, sondern auch die Leistungsmotivation, die darin besteht, daß eine als wichtig bewertete Aufgabe mit Energie und Ausdauer zum erfolgreichen Abschluß gebracht wird. Leistungsbereitschaft und Leistungsfähigkeit sind nicht nur von der Entwicklung des Individuums abhängig, sondern auch bei jedem Menschen verschieden. Der Begriff L. wird häufig im Zusammenhang mit L.en in speziellen Fähigkeitsbereichen verwendet. Beispiel: Leistungstests zur Ermittlung der Leistungsfähigkeit bei bestimmten Berufen (Piloten).

Lernen

Allgemeine Bezeichnung für den Erwerb von Wissen und der Aneignung von motorischen und sprachlichen Fertigkeiten. In der *Psychologie* versteht man unter L. die durch *Erfahrung* entstandenen, relativ überdauernden Änderungen des *Verhaltens*. L. kann somit als Prozeß verstanden werden, der bestimmte Organismen befähigt, aufgrund früherer Erfahrungen und durch organische Eingliederung weiterer Erfahrungen situationsangemessen zu reagieren. L. ist allerdings nur dann gegeben, wenn ausgeschlossen werden kann, daß dieselben Verhaltensänderungen auf 1. angeborene Reaktionstendenzen (z. B. Reflexe), 2. Reifungsprozesse (z. B. Altern) oder 3. vorübergehende Veränderungen des Organismuszustands (z. B. Ermüdung) zurückgehen.

Menschliches L. ist eine überwiegend einsichtige, aktive, sozialvermittelte Aneignung von Kenntnissen und Fertigkeiten, Überzeugungen und Verhaltensweisen. Die dabei auftretenden Lernvorgänge lassen sich in vier Lernphasen einteilen: 1. Vorbereitungsphase, 2. Aneignungsphase, 3. Speicherungsphase, 4. Erinnerungsphase.

L. und *Gedächtnis* stehen in einem engen Zusammenhang. L. bezieht sich auf Verhalten nach Erfahrungen oder Übungen. Gedächtnis dagegen bezieht sich auf die Prozesse der Einspeicherung von Erfahrungsrepräsentationen und ihren Abruf, um z. B. neue Situationen bewältigen zu können.

Lernen durch Einsicht

Von einsichtigem Lernen wird gesprochen, wenn eine Verhaltensänderung durch spontanes Erfassen der Aufgabenstruktur zustande kommt. L. d. E. meint aber auch das Entdecken neuer Regeln durch Kombination früher gelernter Regeln. Beispiel aus Tierversuchen: Ein Schimpanse sieht herumliegende, ineinandersteckbare Bambusstäbe und hinter einem Gitter, das er nicht übersteigen kann, Bananen liegen. Die Versuche, an die Bananen heranzukommen, enden erfolglos. Der Schimpanse hält inne und geht nach einer Art Denkpause dazu über, mit den vorher ineinandergesteckten Stäben nach den Bananen zu langen.

Lernen durch Versuch und Irrtum

Dieser Begriff wurde von THORNDIKE eingeführt und ist die Bezeichnung für den Effekt erfolgreicher bzw. erfolgloser Bemühungen, ein Ziel durch die Ausführung bestimmter Tätigkeiten zu erreichen. In Versuchen zeigte sich, daß Tiere in ihrem *Verhalten* stark variierten, wenn ihnen keine instinktiven oder erlernten Verhaltensweisen zur Verfügung standen. Führte eine Verhaltensweise schließlich zum Erfolg, so trat diese in nachfolgenden Versuchen immer schneller auf, bis sie in der entsprechenden Situation sofort gezeigt wurde (*Effekt-Gesetz*).

Beispiel: Eine Katze wird in einen hohen Käfig gesperrt, der nur durch einen Hebelmechanismus von innen geöffnet werden kann. Zunächst probiert das Tier, durch Klettern, Springen oder Kratzen herauszukommen. Hat die Katze dagegen einmal den Hebel berührt und damit die Tür geöffnet, so treten die alten Verhaltensweisen bei nachfolgenden Versuchen in ähnlichen Käfigen weitgehend zugunsten der neuen Verhaltensweise zurück. Das Tier hat am Effekt gelernt.

Libido

Bezeichnung für einen Grundbegriff aus der *Psychoanalyse*. Nach S. FREUD ist die L. ein wesentlicher Grundantrieb des menschlichen Lebens. Als sexuelle Triebkraft liegt sie allen Lebensäußerungen zugrunde, die auf *Lustgewinn* ausgerichtet sind. In der Kindheit durchläuft die L. drei unterscheidbare Phasen: Die *orale*, *anale* und *phallische* Phase. Störungen der Libidoentwicklung führen nach Freud zu seelischen Beeinträchtigungen. Die Bedeutung der L. ist heute weitestgehend anerkannt. Ob psychische Störungen allein aus der Libidoentwicklung resultieren, wird inzwischen in Frage gestellt. C.G. JUNG sieht bei der L. vom sexuellen Inhalt ab und betrachtet diese als psychische Energie überhaupt.

Löschung

Bezeichnung für eine Reihe von Techniken, die eine bedingte *Reaktion* zu hemmen vermögen. L. wird dadurch erreicht, daß der *konditionierte Reiz* wiederholt dargeboten wird, ohne daß ihm der nichtkonditionierte, *verstärkende* Reiz folgt. Beispiel: Ein Hund wird konditioniert, auf einen Ton, gefolgt von Futtergabe, mit Speichelfluß zu reagieren. Eine L. dieses Verhaltens erfolgt durch mehrfache Darbietung des Tons, ohne daß weitere Futtergaben erfolgen. Nach einiger Zeit wird die Häufigkeit des Reagierens auf den Ton mit Speichelfluß absinken und schließlich ganz verschwinden.

Lust

In der Alltagssprache versteht man unter L. das *Bedürfnis* bzw. Verlangen nach etwas Bestimmtem wie z. B. L. haben, etwas zu tun, zu essen, zu trinken, nach Vergnügen usw. In der Psychologie ist L. die Bezeichnung für eine angenehme Erregung bzw. Empfindung, vor allem bei der Erfüllung eines psychischen *Antriebs*. Beispiel: Befriedigung von sexuellen Bedürfnissen. Nach S. FREUD versteht man unter dem Lustprinzip das Streben nach Bedürfnisbefriedigung.

Macht

Unter M. versteht man allgemein das Vermögen, den eigenen *Willen* gegen den Widerstand anderer Personen durchzusetzen. Soziale M. ist die Bezeichnung für den Einfluß einer Person auf Einstellungen, *Emotionen*, Verhalten und *Wahrnehmung* anderer Personen. Machtbeziehungen unterscheiden sich in ihrer Art nach:
1. M. durch *Belohnung* oder *Bestrafung*,
2. M. durch Legitimation aufgrund von Position oder *Status*,
3. M. durch *Identifikation* (z. B. *Vorbild*),
4. M. durch Sachkenntnis oder Information,
5. M. durch situationsbedingte Kontrolle.

Machtstreben entsteht nach A. ADLER als Reaktion auf die Erfahrung der Machtlosigkeit bzw. Unterlegenheit des Kindes in seiner Ursprungsfamilie. Um diesen Zustand zu *kompensieren*, strebt die Person als Kind und auch noch als Erwachsener nach Sicherung seiner Position und nach Kontrolle über andere.

Manie

Begriff aus der *Psychiatrie*, in der die M. als Gegenpol der *Depression* angesehen wird. Die M. ist gekennzeichnet durch grundlose Heiterkeit, übertriebene Selbsteinschätzung, Enthemmung, erhöhten Bewegungs- und Rededrang, Ideenflut und Verschwendungssucht. M.n treten in unterschiedlich lang andauernden Phasen auf (Tage bis Monate), die mit periodischen *Depressionen* wechseln können (manisch-depressiv). Die Behandlung erfolgt vorwiegend mit Lithium, kombiniert mit Neuroleptika.

Masochismus

Bezeichnung für eine *sexuelle* Perversion, die nach dem Schriftsteller L. von SACHER-MASOCH (1836-1896) benannt wurde und deren Gegenpol der *Sadismus* ist. Unter M. versteht man die sexuellen Lustgefühle, die durch das Zufügen und Erdulden von körperlichen Schmerzen entstehen. Sexuelle Erregung und Befriedigung kann nur dann erreicht werden, wenn der Masochist erniedrigt, gedemütigt oder mißhandelt wird. Der Geschlechtspartner sollte nach Möglichkeit noch besondere Kennzeichen aufweisen wie z.B. enge Lederkleidung, Stiefel, Peitsche usw. Es wird angenommen, daß M. anerzogen werden kann, z.B. wenn die Eltern dem Kind nur dann Zuwendung geben, wenn es Schmerzen erleidet, es jedoch immer ablehnen, wenn es fröhlich ist.

Membran

Bezeichnung für die äußere Schichtstruktur pflanzlicher, tierischer und menschlicher *Zellen*. Alle Austauschprozesse zwischen der Zelle und ihrer Umgebung spielen sich an der äußeren Zellhülle ab. Gleichzeitig ist diese M. auch der Ort, an dem viele *Stoffwechselprozesse* lokalisiert sind. Die Plasmamembran grenzt die Zelle als Ganzes gegenüber ihrer Umgebung ab. Sie ist weiterhin Träger wichtiger Lebensprozesse und damit für ein normales Leben der Zelle unabdingbar. M.en sind für bestimmte Stoffe durchlässig. Diese Eigenschaft hat Bedeutung für Stoffwechselvorgänge bzw. Erregungsprozesse und ihre Übertragung.

Menarche

Bezeichnung für den Eintritt der ersten Regelblutung bei der Frau. Die Blutungen sind anfangs unregelmäßig, ein Eisprung findet noch nicht bzw. sehr selten statt. Vor 100 Jahren lag der durchschnittliche Eintritt der M. im westlichen Kulturkreis bei etwa 16 Jahren. Die heutige Altersgrenze liegt bei ungefähr 12-13 Jahren.

Merkmal

Bezeichnung für eine sichtbare oder meßbare Eigenschaft von Gegenständen, Vorgängen oder Personen. Beispiele: Messen von physiologischen Vorgängen (z.B. Blutzuckerspiegel), Erkennen von körperlichen Eigenschaften (z.B. Augen- oder Haarfarbe), Erkunden von *Verhaltensweisen* (z.B. Aggressivität).
Bei psychologischen M.en (z.B. *Gefühle*, Empfindungen) wird Intensität, Qualität und Dauer angegeben. Von *Persönlichkeitsmerkmalen* spricht man, wenn Erlebens- und Handlungsdispositionen relativ dauerhaft sind.

Metakommunikation

Bezeichnung für die *Kommunikation* (Verständigung) über die Kommunikation. Bei der M. geht es um eine Auseinandersetzung über die Art, wie z.B. zwei Menschen im Gespräch miteinander umgehen, d.h. über die Art, wie die gesendeten Nachrichten gemeint und die empfangenen Nachrichten entschlüsselt werden, und wie die beiden Menschen darauf reagiert haben. Beispiel: Ein Ehepaar führt ein Gespräch über ihren Umgangsstil, wie sie in Streitsituationen miteinander kommunizieren.

Milgram-Experimente

Bezeichnung für Experimente zum extremen Autoritätsgehorsam, die in den 60er und 70er Jahren von S. MILGRAM durchgeführt wurden und zu schokkierenden Erkenntnissen führten. Bei diesen Experimenten gab der Versuchsleiter (Vl) den Versuchspersonen (Vpn) den Befehl, die Teilnehmer eines Lernversuchs bei Fehlern mit Elektroschocks von steigender Intensität zu bestrafen. Die meisten Vpn gehorchten der *Autorität* des Wissenschaftlers und teilten gefährliche Elektroschocks aus, obwohl die betroffenen Personen heftigste Schmerzreaktionen zeigten. Daß diese in den Versuch eingeweiht waren und nur so taten, als ob sie Stromstöße bekommen würden, wußten die Vpn nicht.

Milgram folgerte daraus, daß Menschen, die aus innerer Überzeugung Diebstahl, Körperverletzung und Tötung verabscheuen, sich durchaus in Akte des Raubens, Folterns und Tötens verstricken können, sofern eine Autorität ihnen den Befehl dazu gibt.

Milieu

Allgemeine Bezeichnung für die Umwelt eines Menschen, die vor allem die wirtschaftlichen, kulturellen und mitmenschlichen Einflüsse umfaßt. Mensch und M. bilden einen wechselseitigen Wirkungszusammenhang. Als M. bezeichnet man insbesondere die sozialgesellschaftliche Umgebung (Umwelt) des Menschen: Einwirkungen der sozialen Umgebung, der Familie, der Bezugsgruppe, der Schichtzugehörigkeit, Beziehungen zu Gruppen usw. Die M.-Theorie vertritt die Auffassung, daß das M. ein ausschlaggebender Entwicklungsfaktor ist und glaubt, daß die individuelle Entwicklung von Umweltbedingungen abhängig ist.

Minderwertigkeitsgefühl

Begriff aus der *Individualpsychologie*, der von Alfred ADLER eingeführt wurde. Nach Adler ist das M. die Grundlage einer jeden *Neurosenbildung*. Das M. ist gekennzeichnet durch ein Gefühl tiefgehender Unzulänglichkeit und Unterlegenheit in körperlicher, geistiger, seelischer oder sozialer Hinsicht.

Nach Adler ist das M. eine Folge der Kindheitsentwicklung. Die Eltern vermitteln dem Kind das Gefühl, daß es klein, schwach und unbeholfen ist. Dies tritt vor allem in einer besonders überbehüteten bzw. überfordernden Erziehung auf. Dadurch entwickelt der Mensch das Gefühl, in bestimmten Lebensbereichen anderen Personen gegenüber unterlegen zu sein, und er versucht, seine Minderwertigkeit auszugleichen. Das wiederum führt häufig zu einem übertriebenen Leistungs- und Geltungsbedürfnis mit überdurchschnittlichen Leistungen, um das M. zu überdecken. Es kann aber auch zu Fehlentwicklungen (*Neurosen*) kommen. Unter Minderwertigkeitskomplex versteht man die Gesamtheit der verschiedenen M.e (mit ihren entsprechenden Reaktionen), die ein Mensch entwickelt.

Moral

Bezeichnung für ein kompliziertes System von Regeln, sittlichen *Normen* und Werten, die das soziale *Verhalten* des Menschen betreffen und die der Gesellschaft zugrunde liegen. In jeder Gesellschaft gibt es Verhaltensvorschriften (Regeln), die für ihre Mitglieder gelten. Ob ein bestimmtes Verhalten moralisch ist oder nicht, wird aus Übereinstimmung mit oder Abweichung von diesen erschlossenen Regeln beurteilt. Beispiel: In Europa sind solche moralischen Gebote oder Verbote die Zehn Gebote des Alten Testaments. Es gibt aber auch moralische Gebote, die für alle Kulturen gelten. Beispiel: Die Heirat des Sohnes mit der eigenen Mutter ist in keinem Land erlaubt.

Motiv

Bezeichnung für die Beweggründe des menschlichen *Verhaltens*, die das *Antriebselement* für das *Handeln* darstellen. Es werden primäre (naturgegebene) M.e von sekundären (erlernten) M.en unterschieden, wobei es beim Menschen kaum ein primäres M gibt, das nicht sekundär überlagert ist. Einer Handlung geht selten ein einzelnes M. voraus, meistens ist es ein ganzes Bündel von M.en. Das Geschehen richtet sich dabei nach den stärkeren M.en, die schwächeren werden abgedrängt. Die Umsetzung von M.en in Handlungen bezeichnet man als *Motivation*.

Motivation

1. In der Philosophie versteht man unter M. die Beweggründe des *Willens*.
2. In der Umgangssprache bezeichnet man mit M. Empfindungen, die zu einer Leistung (z. B. Lernen) führen.
3. In der Psychologie meint M. allgemeine und umfassende Prozesse, die dem Verhalten Intensität, bestimmte Richtung und Ablaufform verleihen. M. ist der Beweggrund für das Handeln. Bei der Erkenntnis von Wahlmöglichkeiten werden *Antrieb*, *Bedürfnis*, *Drang*, Interesse und *Trieb* wirksam.

M. bestimmt das augenblickliche Verhalten eines Menschen. Die M. einer einzelnen Handlung ist stets komplex. In manchen Bereichen ist sie auch *unbewußt*. Beispiel: Beweggründe, die zum Kauf eines bestimmten Gegenstandes führen.

Motorik

M. ist die Bezeichnung für die Lehre von den Bewegungsfunktionen. Die M. umfaßt die Gesamtheit der Bewegungsabläufe. Diese lassen sich beobachten, beschreiben, filmisch festhalten und/oder mit besonderen Geräten messen. Die M. ist bedingt durch den Aufbau des Skeletts und der Muskulatur. In Verbindung mit subkortikalen Prozessen (vor allem vom Kleinhirn aus, Gehirn) ist ein beträchtlicher Grad von Koordiniertheit gewährleistet. Motorische Abläufe werden bestimmt durch Instinkte oder durch zielgerichtete Absichten. Der Ablauf motorischer Handlungen unterliegt größtenteils der Selbstregulation. Greift man in diesen Prozeß ein und achtet auf die Ausführung der M., kommt es häufig zu Störungen der M.

Mutation

Bezeichnung für eine meist sprunghaft auftretende Veränderung *vererbbarer Merkmale*. Die Ursache der M. (Erbänderung) läßt sich oft nicht klären. Die Gesamtheit der in einem Organismus vorhandenen Erbanlagen nennt man Genom. Veränderungen im Genom können positive, negative oder gar keine Wirkung auf den Organismus haben. Man unterscheidet drei Formen der M.:

1. Gen-M.: Die Veränderung eines einzelnen Gens führt zur Bildung eines neuen Genpaares (Allele).
2. Chromosomen-M.: Die Veränderung der Architektur ganzer *Chromosomen*.
3. Genom-M.: Die numerische Veränderung des Chromosomensatzes.

M.en können natürlicher Art sein (spontanes Auftreten) oder durch chemische Substanzen (z.B. salpetrige Säure) und physikalische Faktoren (z.B. Röntgenstrahlen) hervorgerufen werden.

Mutismus

Bezeichnung für ein beharrliches Schweigen beim Menschen, obwohl die Sprechorgane intakt sind. Das Schweigen kann absichtlich geschehen oder aber mit einer *psychischen Störung* in Zusammenhang stehen. Die Ursachen des M. sind vielfältig und kommen bei *Neurosen*, psychogenem *Stupor*, Schrecklähmungen, heftigen Gemütsbewegungen usw. vor. M. tritt häufig bei sensiblen Kindern auf, wenn deren Bedürfnisse nach *Zuwendung*, Liebe und Sicherheit vernachlässigt werden. Dabei unterscheidet man den totalen M. (das Kind redet mit niemandem mehr) vom selektiven M. (das Kind spricht mit einigen auserwählten Personen). M. ist in den meisten Fällen durch verschiedene Formen der *Psychotherapie* zu heilen.

Narzißmus

Begriff, der in Anlehnung an die griechische Sage vom Jüngling Narcissus gewählt wurde, der sich in sein Spiegelbild verliebt. In der *Psychoanalyse* wird dieser Begriff verwendet, um das Verliebtsein in sich selbst (Selbstliebe) zu beschreiben. Jeder Mensch durchläuft narzistische Zustände. Nach S. FREUD unterscheidet man den primären und sekundären N. Beim primären N. richtet das Kleinkind seine sexuelle Energie (*Libido*) ganz auf sich selbst. Beim sekundären N. wird die sexuelle Energie von äußeren Objekten wieder abgezogen und auf sich selbst bezogen. Dieser Zustand tritt vor allem nach enttäuschter Liebe oder *Selbstwertkränkungen* auf.

Nativismus

Bezeichnung für eine philosophische und psychologische Theorie, die besagt, daß sämtliche menschlichen *Verhaltensweisen*, Eigenschaften und/oder Fähigkeiten sowie die Voraussetzungen der Wahrnehmung angeboren und *genetisch* bestimmt sind. Beispiele: Raumwahrnehmung, Zeitwahrnehmung usw. Der Einfluß von *Lernen* und *Erfahrungen* auf diese Merkmale wird ausgeschlossen. Die dem N. entgegengesetzte Haltung wird als *Empirismus* bezeichnet.

Neuroleptika

Bezeichnung für psychotrope Substanzen, die zur Behandlung von bestimmten *Psychosen* (z.B. *Schizophrenie*) und stärkeren, nicht-psychotischen Angst- und Erregungszuständen verwendet werden. N. wirken auf das *ZNS*, indem sie dessen Funktion herabsetzen. Sie werden insbesondere bei Erregungszuständen, Ängsten, Wahnideen, Halluzinationen und Verwirrungszuständen eingesetzt. Im Unterschied zu herkömmlichen Schlaf- und Beruhigungsmitteln (Sedativa, Tranquilizer) bleiben bei der Einnahme von N. Intellekt und Bewußtsein voll erhalten.

Neurologie

Ursprünglich verstand man unter N. die Lehre von der Struktur und Funktion der Nerven sowie den Nervenkrankheiten. Heute wird der Begriff, vor allem im deutschen Sprachraum, überwiegend für das Fachgebiet der Medizin verwendet, das sich mit den organischen Erkrankungen des zentralen, peripheren und autonomen Nervensystems sowie der Muskulatur befaßt (Myopathien, Myositiden). Die N. ist in der Praxis meist mit der *Psychiatrie* kombiniert.

Neuron

N.e sind die Grundlage aller psychischen und physischen Leistungen. Aus ihnen baut sich das Nervengewebe bzw. Nervensystem auf. Das menschliche Gehirn besitzt ca. 25 Milliarden N.en. Ein N. besteht aus einem Zellkörper (Soma), einer *Membran*, die die *Zelle* umgibt, einem Zellkern (*Nucleus*) und Cytoplasma im Inneren der Zelle.

An der Membran vollziehen sich die Vorgänge der Erregung und Erregungsleitung. Im Zellkern befinden sich hochkonzentrierte Nucleinsäuren.

N.e besitzen einen Fortsatz (in seltenen Fällen auch zwei) aus ihrem Zellkörper, Axon oder Neurit genannt, und meist mehrere Dendriten. Das Axon verbindet die N.e mit anderen Nerven-, Muskel- oder Drüsenzellen. Die Verbindungsstelle einer axonalen Endigung mit einer anderen Zelle bezeichnet man als Synapse. An den Dendriten und am Soma enden die Axone anderer N.e. Axon und Dendriten zweigen sich normalerweise nach ihrem Abgang aus dem Zellkörper in mehr oder minder zahlreiche Äste auf. Die Verzweigungen der Axone bezeichnet man als Kollaterale.

Die Formenvielfalt der N.e ist hauptsächlich durch die unterschiedliche Ausprägung der Dendriten bestimmt. Manche N.e verfügen über regelrechte Dendritenbäume, bei anderen wiederum ist das Verhältnis Somaoberfläche zu Dendritenoberfläche ausgewogener. Weiterhin gibt es N.e, die keine Dendriten haben. N.e können sich nicht mehr teilen, d. h. daß zerstörte N.e auch nicht wieder ersetzt werden können. Es ist nur möglich, daß noch intakte Zellkörper nach Durchtrennung ihrer Nervenfaser eine neue Nervenfaser ausbilden können.

Neurose

Der Begriff N. wurde 1776 von dem schottischen Arzt W. CULLEN eingeführt. Er bezeichnete damit alle Erkrankungen des Nervensystems ohne nachweisbare Ursache. Durch S. FREUD (1900) wurde der Begriff neu definiert. In der *Psychoanalyse* hat diese Begriffsbestimmung noch heute Gültigkeit. Danach ist eine N. eine seelisch bedingte Gesundheitsstörung, deren *Symptome* die Folge (als auch Ausdruck) eines krankmachenden seelischen *Konflikts* sind, der *unbewußt* bleibt.

Nach psychoanalytischer Auffassung ist dieser Konflikt in der Kindheitsentwicklung verwurzelt: Kindliche *Triebwünsche* können nicht ausgelebt werden, müssen demzufolge abgewehrt und ins Unbewußte verdrängt werden. Durch *Abwehrmechanismen* werden sie daran gehindert, ins Bewußtsein zurückzukehren. Daraus ergibt sich das neurotische Symptom. N.n können durch bestimmte (z. B. *Phobien*) oder durch unbestimmte Symptome (z. B. Kontaktstörungen) gekennzeichnet sein. Bei der Psychoanalyse ist die Behandlung von N.n an die Aufdeckung der Konflikte gebunden.

Im Gegensatz dazu verwirft die Lerntheorie bzw. *Verhaltenstherapie* alle bisherigen Neurosetheorien. Sie betrachten neurotische Symptome als gelernte Verhaltensweisen, die wie jedes andere *Verhalten* auch durch Lernprozesse erworben werden. Aus diesem Grund richtet sich die Verhaltenstherapie ausschließlich gegen die neurotischen Symptome. Im Unterschied zur *Psychose* betreffen N.n stets nur Teilbereiche der *Persönlichkeit* und des Verhaltens. Der Bezug zur Realität ist nicht nachhaltig gestört, und die Betroffenen haben ein zumindest vages Bewußtsein von ihrer Störung, unter der sie leiden.

Norm

Für die Beurteilung eines Merkmals oder bei der Bewertung eines Verhaltens treten oft Schwierigkeiten auf, was als normal (normgerecht) oder als anormal (abweichend) bezeichnet wird. Im allgemeinen wird Normalität mit Häufigkeit gleichgesetzt: Normal ist, was häufig vorkommt bzw. im Durchschnitt zu erwarten ist. Weiterhin unterscheidet man wie folgt:

1. statistische N.: Normal ist das, was in einer *Gruppe* oder Gemeinschaft am häufigsten vorkommt. Beispiel: In Deutschland ist die häufigste Familienform die Familie mit zwei Kindern. Im Vergleich mit dieser normalen Familie sind Familien mit fünf Kindern eher selten und nicht normal;

2. *Idealnorm* (auch soziale N.): Normal ist das, was eine Gruppe, Gemeinschaft, Kultur als wünschenswerten Zustand bestimmt. Beispiel: Viele Kinder zu haben gilt in Amerika zunehmend als wünschenswert. Dagegen besteht in China die gesetzliche Verpflichtung zu einer geringen Kinderzahl;

3. funktionale N. (auch subjektive N.): Normal ist, was dem Einzelwesen hinsichtlich seiner Bedürfnisse und Leistungen angemessen ist. Beispiel: Lesbische Beziehungen sind nach den Kriterien der statistischen N. oder der Idealnorm eher unnormal. Aus Sicht der betroffenen Frauen können diese Liebesbeziehungen aber durchaus als befriedigend erlebt werden und damit funktional sein.

Normalverteilung

Begriff aus der *Statistik*, der die Verteilung eines *Merkmals* (z. B. Körpergröße) mathematisch beschreibt. Bei einer großen Anzahl von (z. B. biologischen oder psychologischen) Messungen treten bestimmte Meßwerte sehr häufig und andere wiederum sehr selten auf. Im Normalfall treten mittlere Meßwerte am häufigsten und extreme Meßwerte am seltensten auf. Trägt man in einem Koordinatensystem auf der Abzisse (x-Achse) die Meßzahlen ein und auf der Ordinate (y-Achse) die Häufigkeit, so häufen sich im Normalfall die Meßwerte im mittleren Bereich und nehmen mit Entfernung vom Mittelwert symmetrisch ab. Es entsteht eine glockenförmige Kurve, die eingipflig und symmetrisch verläuft.

Nucleus

Eine *Zelle* besteht aus einem N. (Zellkern), der Zellflüssigkeit (Cytoplasma) und der Zellmembran (Plasmamembran). Zellflüssigkeit und Zellkern werden als Zellinhalt (Protoplasma) zusammengefaßt. Dieser Zellinhalt ist im wesentlichen aus fünf Bestandteilen zusammengesetzt: Wasser, gelöste Salze, Eiweiß, Lipide und Kohlenhydrate. Die meisten Zellen besitzen einen Zellkern, es gibt aber auch Zellen mit zwei oder mehr Zellkernen. Die Form des N. variiert zwischen rund bis eiförmig und länglich bis aufgefächert. Im Innern des Zellkerns befindet sich das Nucleoplasma. Das Cytoplasma enthält eine Reihe von hochorganisierten Körperchen, die als Organellen bezeichnet werden. Beispiel: die Mitochondrien. Heute rechnet man auch die Zellmembran und die Membran des Zellkerns zu den Organellen. Ihnen allen kommen wichtige Zellfunktionen zu. Beispiel: Das Entfernen oder Vergiften der Mitochondrien legt die Energiegewinnung in den Zellen zu mehr als 95% lahm.

Objektivität

Allgemeine Bezeichnung für die Tendenz, die Wirklichkeit sachlich zu beurteilen und sich an vorhandenen Daten oder Fakten zu orientieren(in gewissem Gegensatz zur *Subjektivität*). In der Testpsychologie versteht man unter O. das Ausmaß, in dem ein Testergebnis in Durchführung, Auswertung und Interpretation vom Testleiter nicht beeinflußt werden kann, bzw. wenn mehrere Testauswerter zu übereinstimmenden Ergebnissen kommen. O. ist eines der drei *Testgütekriterien* für psychologische Tests.

Ödipus-Komplex

In Anlehnung an die griechische Sage von König Ödipus, der unwissend seine Mutter heiratete und seinen Vater erschlug, führte S. FREUD diese Bezeichnung in die *Psychoanalyse* ein. Der Begriff kennzeichnet bestimmte frühkindliche *Beziehungen* zu den Eltern. Unter dem Ö.-K. versteht man die bei Kindern hauptsächlich in der ödipalen (*phallischen*) Phase entstehenden Liebesgefühle und *sexuellen* Wünsche gegenüber dem gegengeschlechtlichen Elternteil. Beispiel: Der Sohn hat das Verlangen, die Mutter ganz für sich in Besitz nehmen zu wollen. Der gleichgeschlechtliche Elternteil wird dabei als übermächtiger und störender Rivale empfunden, der die sexuellen Regungen des Sohnes mit *Kastration* zu bestrafen droht. Beim Jungen erfolgt aus Angst vor Bestrafung und Kastration die *Verdrängung* der verbotenen sexuellen Neigungen, die er seiner Mutter gegenüber hat. Er *identifiziert* sich jetzt vielmehr mit dem Vater, übernimmt dessen *Moral*- und Wertvorstellungen, die wiederum sein *Gewissen* formen. Durch die Verdrängung wird die ödipale Phase beendet und die *Latenzperiode* eingeleitet. In der *Pubertät* wird der Ö.-K. wiederbelebt und in der Regel durch Partner- oder Freundeswahl überwunden.

Als *Elektra-Komplex* wird der Ö.-K. des Mädchens bezeichnet. Dieser zeichnet sich durch den Wunsch des Mädchens aus, ein Kind vom Vater haben zu wollen. Gleichzeitig entwickelt das Mädchen eine Abneigung seiner Mutter gegenüber. Häufig bleibt dieser Wunsch bis in die Pubertät bestehen und verliert sich erst durch die Ablösung des sexuellen Interesses am Vater bei gleichzeitiger Identifizierung mit der Mutter.

Nach S. Freud ist eine unzureichende Bewältigung des Ö.-K.es die wichtigste Ursache für die Entstehung späterer Persönlichkeitsstörungen und *Neurosen*.

Ontogenese

Nach E. HAECKEL (1912) versteht man unter O. die Entwicklung des *Individuums*, und zwar in körperlicher als auch in seelisch-geistiger Hinsicht. Der Gegensatz zur O. ist die *Phylogenese*. Darunter versteht man die Stammesentwicklung bzw. Stammesgeschichte der Lebewesen, einschließlich des Menschen. Nach Haeckel lassen sich Zusammenhänge zwischen O. und Phylogenese feststellen. Seine Theorie besagt, daß Entwicklungsstadien der Menschheitsentwicklung sich in der Entwicklung der Einzelwesen chronologisch wiederholen.

Operationalisierung

Bezeichnung für die Festlegung von Kriterien zur *empirischen* Erfassung eines theoretischen Konstrukts. Die O. eines Begriffs erfolgt durch eine operationale Definition. Bei einer operationalen Definition werden Begriffe auf das *Beobachtbare* zurückgeführt, und es gehen gleichzeitig die Bedingungen mit ein, welche für das Auftreten eines Sachverhalts erforderlich sind. Beispiel: Definition der Intelligenz: Intelligenz ist das, was sich durch einen Intelligenztest messen läßt.

orale Phase

Nach S. FREUD versteht man darunter die erste frühkindliche Entwicklungsphase, die das gesamte erste Lebensjahr umfaßt. Der o.n P. folgen die *anale* Phase und die *phallische* Phase. Die o. P. ist gekennzeichnet durch Akte des Inbesitznehmens. Dabei richtet sich die frühkindliche sexuelle Energie auf den oralen Bereich. Beispiel: Das Baby nimmt die Brust der Mutter in den Mund, aber auch seine eigenen Zehen sowie andere Gegenstände. In der frühen o.n P. (bis zum 6. Lebensmonat) besteht der Lustgewinn im Saugen und Lutschen, in der späteren o.n P. (ab dem 6. Lebensmonat) wird dieser zusätzlich durch Beißen erreicht.

In der o.n P. finden wichtige Entwicklungsschritte statt: *Wahrnehmung*, Unterscheidung von Selbst und Nicht-Selbst, Ausbildung der Grundhaltungen *Urvertrauen* und Urmißtrauen, Trennungstoleranz und Trennungsempfindlichkeit. Kommt es in dieser frühen Kindheitsstufe zu Fehlentwicklungen, kann dies unter Umständen später zu schweren *psychischen Störungen* führen.

Pädagogik

Bezeichnung für die Wissenschaft vom Wesen, den Aufgaben, den Formen und Bedingungen der *Erziehung*. Die P. steht in enger Verbindung zur *Psychologie*. Sie untersucht u. a. die erzieherischen Voraussetzungen bei Einzelwesen als auch bei Bevölkerungsgruppen, die psychischen und körperlichen Entwicklungsphasen, die Erziehungsbereitschaft bei Kindern und Jugendlichen, die Wirksamkeit von Erziehungsmaßnahmen usw. Die P. erforscht ebenfalls die sozialen Bedingungen, unter denen Erziehung stattfindet: von der Familie bis zur Berufsgemeinschaft sowie den allgemeinen staatlichen Bildungsinstitutionen.

Paranoia

Bezeichnung für eine Form der *Psychose*, die durch das Auftreten von Wahnvorstellungen und Halluzinationen gekennzeichnet ist. Das Denken und Handeln des Betroffenen bleibt dabei in aller Klarheit erhalten. Eine P. beginnt oft schleichend und bleibt anfänglich meist unbemerkt. Typische Formen der P. sind z. B. der religiöse Wahn, der Größenwahn oder der Verfolgungswahn.

Peer-group

Für diesen Begriff gibt es keine entsprechende deutsche Übersetzung; selten spricht man von Peer-Gruppe. P.-g. ist die Bezeichnung für eine *Gruppe* von gleichaltrigen Jugendlichen bzw. Alterskameraden. In dieser Gruppe setzt sich für den Jugendlichen der bereits in der Familie eingeleitete *Sozialisationsprozeß* fort. Weitere Möglichkeiten der sozialen Orientierung werden vermittelt, kindliche *Abhängigkeitsverhältnisse* von den Eltern werden aufgelöst. Innerhalb dieser Gruppen besteht meist eine streng kontrollierte innere *Konformität*, die sich durch eine überzeichnete Gegnerschaft den Erwachsenen gegenüber ausdrücken kann.

Persönlichkeit

Allgemeine und umfassende Bezeichnung für die Beschreibung, Vorhersage und theoretische Erklärung der Besonderheiten eines einzelnen Menschen. In der Umgangssprache bezeichnet man Personen als P., die einen nachhaltigen Eindruck hinterlassen, hohes Ansehen genießen oder eine auffallende Rolle spielen. Beispiele: die dynamische P. eines Managers, die eindrucksvolle P. eines anerkannten Politikers. Entsprechend spricht man im negativen Sinne von einer Person, die sich sozial nicht darstellen kann, sie habe keine P..

In der *Psychologie* wird die P. eines Menschen als ein einmaliger Aufbau angesehen, der einige stabile Merkmale aufweist, die sich durch die Umwelteinflüsse aus der Anlage entwickeln und weiterhin Veränderungen unterworfen sind. Zu diesen konstanten Merkmalen gehören z. B. die Körpergröße, die Augenfarbe usw., als auch Fähigkeiten aus dem kognitiven Bereich (z. B.

Denkweisen), dem emotionalen Bereich (z. B. *Bedürfnisse*) und dem sozialen Bereich (z. B. Interessen). Für klinische Zwecke wird die Erfassung der P. entweder durch Exploration (gezielte Symptombefragung), durch *projektive Tests* (z. B. Rorschach-Test) oder durch Persönlichkeitstests (z. B. mit dem Persönlichkeitsfragebogen wie dem MMPI (Minnesota Multiphasic Personality Inventory), der 566 Fragen umfaßt) vorgenommen. Bei den zuletzt genannten Tests handelt es sich um umfangreiche Fragebögen, die von der Selbstdeutung der getesteten Personen Gebrauch machen.

phallische Phase

Begriff aus der *Psychoanalyse*, der die dritte Stufe in der kindlichen Sexualität (zwischen dem 3. und 7. Lebensjahr) beschreibt. Diese Phase liegt zwischen der *analen* und *genitalen* Phase. In der p.n P. wird der sexuelle *Lustgewinn* vor allem durch die Reizung des männlichen Gliedes (Penis) bzw. des weiblichen Kitzlers (Klitoris) erreicht. In dieser Phase tritt der *Ödipus-Komplex* in Erscheinung.

Nach S. FREUDs (umstrittener) Annahme gibt es in der kindlichen Sexualvorstellung nur ein Geschlechtsorgan, den Penis, der entsprechend wichtig genommen wird. Der Knabe erkennt, daß der Vater einen Penis besitzt, die Mutter, die das erste Liebesobjekt des Jungen ist, aber keinen Penis hat. Dadurch entsteht eine Rivalität zum gleichgeschlechtlichen Elternteil. In der p. P. werden Partnerbeziehungen im Zuge sexueller Empfindungen erstmals unter dem Gesichtspunkt des Geschlechts betrachtet.

Phänotyp

Bezeichnung für alle inneren und äußeren Strukturen und Funktionen eines Lebewesens, die sich aus dem Zusammenwirken von *Genotyp* (Erbeinflüssen) und Umwelteinfluß ergeben. Durch wechselnde Außen- bzw. Umwelteinflüsse ist der P. ständigen Veränderungen unterworfen.

Phobie

Bezeichnung für eine *psychische Störung*, die durch eine übertriebene, unbegründete und unkontrollierbare *Angst* vor bestimmten Gegenständen oder Situationen gekennzeichnet ist. Beispiele: *Agoraphobie* (Platzangst; Angst, Plätze oder Straßen zu betreten), *Klaustrophobie* (Angst, sich in geschlossenen Räumen aufzuhalten), Tierphobie (z. B. vor Spinnen, Mäusen, Hunden) usw. Das Verhalten sowie die Lebensmöglichkeiten des Betroffenen sind bei einer P. stark eingeschränkt. Die Angst wird durch ein Vermeiden der Situation bzw. des Gegenstandes bekämpft. Dies kann die Lebensführung der betroffenen Person ernsthaft beeinträchtigen. Nach S. FREUD ist die P. eine Zeichen dafür, daß sich eine innere Angst in einer äußeren Angst ausdrückt.

Phylogenese

Bezeichnung für Ursprung und Entwicklung einer Art, Klasse oder eines Stammes von Lebewesen, einschließlich des Menschen. Der Gegenbegriff zu P. ist die *Ontogenese*, die die Entwicklung des *Individuums* bezeichnet, und zwar in körperlicher wie auch in seelisch-geistiger Hinsicht. Nach E. HAEKKEL (1912) lassen sich Zusammenhänge zwischen P. und Ontogenese feststellen: Entwicklungsstadien der Menschheitsentwicklung wiederholen sich in der Entwicklung der Einzelwesen.

Physiologie

Bezeichnung für die Lehre vom Körpergeschehen. P. ist eine biologisch-medizinische Wissenschaft, die sich mit den Funktionserscheinungen bei verschiedenen Arten von Organismen beschäftigt. Die allgemeine P. ist die Lehre von den Vorgängen im lebenden Organismus und von den Gesetzmäßigkeiten, denen der Organismus unterliegt. Die spezielle P. ist die Lehre von den Funktionen einzelner Organe oder Organgruppen, z.B. Nerven-, Sinnes-, Drüsen-, Stoffwechselphysiologie usw. Die vergleichende P. sucht aus dem Vergleich der Erscheinungen in pflanzlichen, tierischen und im menschlichen Organismus allgemeine Gesetzmäßigkeiten zu gewinnen. Die *Psychophysiologie* (oder physiologische Psychologie) ist der Teil der *Psychologie*, der die Zusammenhänge zwischen den physiologischen und psychischen Vorgängen untersucht.

Prägung

Allgemeine Bezeichnung für einen *Lernvorgang* innerhalb bestimmter lernsensibler Phasen oder Lebensabschnitte. Beispiel: Tieren sind bestimmte Instinkthandlungen angeboren. Für einige dieser Handlungen ist der Auslöser nicht angeboren, sondern muß während einer bestimmten Zeit (sensible Phase) erlernt werden. Dieser Vorgang heißt P. Er ist unwiderruflich. Ist die sensible Phase verstrichen, kann die P. nicht nachgeholt werden. K. LORENZ konnte z.B. frisch geschlüpfte Graugänse auf sich selbst prägen, indem er unmittelbar nach ihrem Ausschlüpfen in Erscheinung trat.

Entsprechendes gilt für den Menschen, wobei es hier nicht um angeborene Instinkthandlungen geht, sondern um die Übernahme von *Denk-, Verhaltens-* und Wertungsgewohnheiten aus der Umgebung der frühesten Kindheit, insbesondere von der Mutter. Die frühkindliche P. wurde besonders in *tiefenpsychologischen* Arbeiten auf ihre Dauerhaftigkeit und Irreversibilität hin untersucht (z.B. S. FREUD). ADLER, FROMM u.a. betonen, daß die Eigenschaften, die in den ersten fünf Lebensjahren geprägt wurden, wenig veränderbar sind. Die Bedeutung der Nestsituation in den ersten Lebensjahren wird hervorgehoben; in dieser Zeit entwickeln sich Zutrauen, Zuneigung, Mitleid, Selbstvertrauen usw.

Prävention

Bezeichnung für alle Bemühungen und Maßnahmen, das Auftreten von *psychischen Störungen* (bei Einzelpersonen, in einer Region, bei Bevölkerungsgruppen) durch vorbeugende Maßnahmen zu verhindern (primäre P.). Als sekundäre P. bezeichnet man alle Bemühungen und Maßnahmen, psychisch Kranke innerhalb einer Bevölkerung möglichst früh zu erfassen, um sie einer Behandlung zuzuführen, die die Krankheitsdauer verkürzt und Rückfälle verhindert. Unter tertiärer P. versteht man den Versuch, die Folgen oder Schäden einer psychischen Krankheit auszugleichen oder in Grenzen zu halten im Sinne einer *Rehabilitationsmaßnahme*.

Problemlösen

Bezeichnung für den Prozeß, der ablaufen muß, um von einem gegebenen Ausgangszustand zu einem gewünschten Endzustand zu gelangen. Solche Prozesse finden dann statt, wenn ein Mensch (oder ein Tier) eine gegebene Situation als unbefriedigend erlebt, aber zunächst keine Mittel zur Verfügung hat, den Ist-Zustand in einen befriedigenden Soll-Zustand zu überführen.

P. setzt einen Prozeß der aktiven Informationsaufnahme und Informationsverarbeitung (z. B. neue Kombinationen von Erfahrungen und/oder Überlegungen) bei der Bewältigung eines Problems voraus. Durch Selbstwahrnehmung bzw. durch Beobachtung des Problemlöseverhaltens versucht die Denkpsychologie Aufschlüsse über Struktur, Phänomenologie und Ablauf von Denkprozessen zu erhalten.

Prognose

Allgemeine Bezeichnung für eine Voraussage von *Entwicklungen*, *Verhalten*, Zuständen oder Ereignissen, die zu einem späteren Zeitpunkt eintreten sollen. In der *Psychologie* werden Gesetzmäßigkeiten des Verhaltens erforscht, um zukünftiges Verhalten vorhersagen zu können. Bevor eine P. aufgestellt wird, findet meist eine intensive Untersuchung der *Persönlichkeit* und des bisherigen Verhaltens (biographische Daten) statt. P.n spielen in vielen Bereichen eine wichtige Rolle, z. B.:

1. in der Beratung zur Vorhersage des künftigen schulischen oder beruflichen Erfolges,
2. in der *Klinischen Psychologie* zur Vorhersage einer *psychischen Störung* bzw. eines Behandlungserfolges,
3. in der Kriminalität zur Vorhersage möglicher Rückfälle.

Projektion

Allgemeine Bezeichnung für das Abbilden bzw. Verlagern von Empfindungen, Gefühlen, Wünschen, Interessen (inneren Vorgängen) in die Außenwelt. In der *Psychoanalyse* versteht man unter P. einen *Abwehrmechanismus*, bei dem eigene, unerträgliche Gefühle und Wünsche einem anderen Menschen (oder Gegenstand) zugeschrieben werden. Beispiel: Eine verheiratete Frau fühlt sich von ihrem Schwager sexuell belästigt, obwohl dieser nichts mit ihr zu tun haben will. Dabei ist es vielmehr so, daß sie sich unbewußt in ihn verliebt hat, was sie aber nicht zulassen darf, denn sie ist ja verheiratet. Ihr eigener sexueller Wunsch wird auf den Schwager projiziert.

P. findet z. B. auch dann statt, wenn eigene Abweichungen als normal erscheinen sollen. Hierbei werden gegensätzliche Wesenszüge des eigenen Selbst auf andere Personen projiziert. Beispiel: Ein sehr geiziger Mann beschimpft seine Frau als verschwendungssüchtig, obwohl sie es objektiv nicht ist. Im Alltag läßt sich P. häufig nicht von der sozialen *Wahrnehmung* oder Personenwahrnehmung unterscheiden. Beispiel: Eine andere Person wird als lustig oder depressiv wahrgenommen, nur weil der Beobachter selbst in einer entsprechenden gefühlsmässigen Verfassung ist und diese Gefühle auf die andere Person projiziert.

projektive Tests

Bezeichnung für psychologische *Testverfahren*, bei denen die Versuchspersonen (Vpn) z. B. mehrdeutige Bildvorlagen dargeboten bekommen, zu denen sie ihre Einfälle äußern sollen bzw. denen sie eine Bedeutung zuweisen müssen. Bei diesen Testverfahren geht man von der Voraussetzung aus, daß die von der Vp geäußerten Einfälle und Deutungen durch ihre *Motive*, *Bedürfnisse* oder Probleme gesteuert werden und daß die Vp das, was sie am meisten beschäftigt, in das mehrdeutige Material hineinprojiziert. Der Vorteil projektiver Verfahren besteht darin, daß sie für die Vpn nicht ohne weiteres durchschaubar sind. Selbst wenn die Testperson vermutet, daß sie durch ihre Antworten etwas von ihrer Persönlichkeit mitteilt, weiß sie nicht, welche Antwort für sie von Vorteil bzw. Nachteil sein könnte. Aus diesem Grund ist es z. B. auch nicht möglich, daß die Vp *sozial erwünschte* Antworten gibt.

In der psychologischen Diagnostik sind p. T. bis heute umstritten, da *Reliabilität*, *Validität* und Objektivität nicht sehr hoch sind. Dennoch werden sie in der psychologischen Praxis häufig verwendet, z. B. um die Arbeitsatmosphäre aufzulockern oder um sich einen ersten Eindruck vom Klienten zu machen. Die beiden wichtigsten p.n T. sind der Rorschach-Test (Deutungen von Kleckstafeln) und der TAT (Geschichten zu Bildern erzählen).

Psyche

Allgemeine Bezeichnung für die Seele im Gegensatz zum Leib (Soma). S. FREUD verwendete die Begriffe Seele und P. synonym. In der *Psychologie* und *Psychiatrie* versteht man unter P. alle bewußten und unbewußten seelischen Vorgänge des Menschen.

Psychiatrie

Bezeichnung für ein Teilgebiet der Medizin, das sich mit der körperlichen und medikamentösen Behandlung *psychischer Störungen* (z.B. *Neurosen, Psychosen,* Persönlichkeitsstörungen, Psychopathien) befaßt. Dabei beschäftigt sich die P. insbesondere mit der Systematik, den Ursachen, den Verlaufsformen und der Behandlung psychiatrischer Krankheiten.

Die Hauptaufgaben eines Psychiaters liegen in der klinischen Behandlung schwerer seelischer Störungen (Beurteilung, *Diagnose,* Behandlung). Mithilfe von *Psychopharmaka,* die ein entscheidender Fortschritt in der psychiatrischen *Therapie* sind, werden akute Manifestationen *schizophrener, manischer* oder *depressiver* Psychosen mit *Neuroleptika* und Antidepressiva erfolgreich behandelt. Hinzu kommen beratende Gespräche mit den Betroffenen. Da die meisten niedergelassenen Nervenärzte aus Zeitgründen keine längeren Behandlungen mit Psychotherapie durchführen können, überweisen sie die Patienten, sofern sie es für aussichtsreich halten, an einen psychotherapeutisch tätigen Arzt oder Psychologen.

Eine wissenschaftliche P. entstand erstmalig zu Beginn des 19. Jahrhunderts. Die Bezeichnung P. wurde 1908 von J.C. REIL eingeführt. 1911 wurde der erste Lehrstuhl für P. errichtet (Leipzig), im gleichen Jahr wurde das erste psychiatrische Krankenhaus (Dresden) eingerichtet. Mit W. GRIESINGER (1845) setzt sich ein somatisch orientiertes Konzept durch (Geisteskrankheiten sind Gehirnkrankheiten). Durch KRAEPLIN (1883) werden die Krankheiten systematisch beschrieben und geordnet. 1913 erhält die Psychopathologie durch JASPERS eine Methodenlehre. Mit WAGNER-JAUREGG (1917) beginnt die therapeutische Ära; als neue Therapieformen folgen: die Insulinkomabehandlung (1933), der Cardiazolschock (1934), die Elektrokrampfbehandlung (1938) und ab 1953 die Psychopharmakabehandlung.

psychische Störung

Bezeichnung für die Verhaltens- und Erlebensweisen eines Menschen, die von den Normen abweichen und für die betroffene Person oder die Gesellschaft mit Beeinträchtigungen verbunden sind. In der *Psychiatrie* befaßt man sich dabei mit den psychischen Krankheiten, die durch Verletzungen, Erkrankungen oder angeborene Schäden des Nervensystems entstanden sind. In der *Klinischen Psychologie* beschäftigt man sich mit den p.n S.en, die ihre Ursache im Erleben und Verhalten des Menschen selbst haben.

Psychogene Störungen sind z.B. *Neurosen* und Verhaltensstörungen. Endogene Störungen sind z.B. affektive *Psychosen* und endogene *Depressionen.* Exogene Störungen sind z.B. hirntraumatische Psychosen und *Demenz.* Oft sind die einzelnen Störungen nicht genau voneinander abzugrenzen.

Psychoanalyse

Der Begriff wurde von dem österreichischen Nervenarzt Sigmund FREUD (1856-1939) eingeführt und bezeichnet einen psychotherapeutischen Ansatz für ein Heilverfahren bei *psychischen Störungen* (z. B. einer *Neurose*). Die P. beschäftigt sich mit der Art und Wirkungsweise der psychischen Kräfte und untersucht und behandelt die seelischen Vorgänge bei neurotischen Störungen. Die P. hat innerhalb ihrer Grenzen drei unterscheidbare Bedeutungen, die bereits von S. Freud herausgestellt wurden:

1. Die P. ist ein Verfahren, das seelische Vorgänge untersucht, die dem Menschen sonst kaum zugänglich sind. Hierbei werden unbewußte psychische Prozesse aufgedeckt, die sich z. B. in Fehlleistungen oder *Träumen*, aber auch in Vorstellungen oder Äußerungen bemerkbar machen können. Als Untersuchungsmethode wird hauptsächlich die freie Assoziation eingesetzt.

2. Die P. ist eine Behandlungsmethode für neurotische Störungen, die sich auf die Untersuchung der unbewußten psychischen Prozesse gründet. Erlebnisse und *Konflikte*, die ins *Unbewußte verdrängt* worden sind, werden wieder ins *Bewußtsein* gehoben um sie einer seelischen Verarbeitung zugänglich zu machen. Dies geschieht mithilfe der Interpretation von unbewußten Wünschen und Phantasien, die sich hinter den Mitteilungen des Analysanden verbergen. Ein weiteres Hilfsmittel ist die sog. positive und negative *Übertragung* des Klienten auf den Analytiker. Unbewußte Vorstellungen, feindliche oder zärtliche *Gefühle* sowie *Ängste* und Konflikte werden durch die enge *Beziehung* zum Analytiker wiederbelebt und auf ihn übertragen.

3. Die P. ist eine Theorie der seelischen *Entwicklung*, der *Kultur* und vieler psychologischer Vorgänge, die sich speziell mit der Erklärung von Neurosen beschäftigen. Die Hauptaussagen dieser Theorie sind:

a) Psychisches entsteht nicht zufällig, sondern ist immer durch die Lebensgeschichte bedingt.

b) Durch Verdrängungsmechanismen sind die entscheidenden *Motivationen* des menschlichen *Verhaltens* unbewußt.

c) Die Motivationen werden durch Gedanken, *Handlungen*, *Träume* und *Symptome* beeinflußt.

d) Der Mensch wird durch zwei Hauptantriebe bestimmt. Nach Freud sind dies zum einem der Sexualtrieb und zum anderen der Destruktionstrieb.

e) Nach Freud sind psychische Vorgänge unbewußt, vorbewußt oder bewußt und nach dem Lustprinzip ausgerichtet. Diesen Vorgängen liegen die drei funktional zusammenhängenden Strukturen zugrunde: das Es, das *Ich* und das *Über-Ich*.

Eine Weiterentwicklung der P., die Neo-Psychoanalyse, erfolgte durch Erich FROMM (1900-1980). Die Neo-P. ist gekennzeichnet durch eine Betonung der

Umwelteinflüsse sowie einer weitestgehenden Ablehnung von Freuds *Libido-Theorie*. Parallel zur Neo-P. entwickelte sich die *Individualpsychologie* A. ADLERs und die *Analytische Psychologie* C.G. JUNGs.

Die P. wird von den Krankenkassen als Methode zur Behandlung psychischer Krankheiten akzeptiert. Die Behandlung wird ausschließlich von speziell ausgebildeten Ärzten und Psychologen ausgeübt. Die P. eines Erwachsenen dauert durchschnittlich 2-3 Jahre und wird in 3-5 Wochenstunden (zu je 50 Minuten) durchgeführt.

Psychodrama

Bezeichnung für eine Form der *Psychotherapie*, die von dem Psychiater J.L. MORENO (1870–1974) entwickelt wurde. Das P. ist eine Methode der *Gruppentherapie* (6–12 Personen), bei der die Klienten ihre Probleme und *Konflikte* in einem Schauspiel darstellen. Mithilfe verschiedener Techniken wie dem Rollentausch, dem Doppeln, dem Spiegeln usw. werden die Konflikte des Einzelnen (oder der Gesellschaft) nicht nur sprachlich abgehandelt, sondern mit verteilten Rollen (Ehemann, Ehefrau, Vater, Mutter usw.) in Szene gesetzt. Das typische Merkmal des P.s ist das Durchspielen (und Verändern) dieser Szenen, so daß das Gruppenmitglied zu neuen Einsichten und Handlungsmöglichkeiten gelangen kann. Das P. orientiert sich dabei an S. FREUDs Gedankengut: *Traumatische* Erlebnisse müssen erinnert, wiederholt und durchgearbeitet werden, damit der Klient gesunden kann. Beim P. verbinden sich *psychoanalytische* Konzepte mit *gruppendynamischen* Prozessen.

Psychologie

Bezeichnung für die Wissenschaft, die sich mit dem Erleben und *Verhalten* von Lebewesen, insbesondere des Menschen, befaßt. Da das Erleben von Tieren wissenschaftlich nicht zugänglich ist, hat sich der Begriff Tierpsychologie nicht durchgesetzt; hier spricht man von *Verhaltensforschung*.

Im theoretischen Bereich geht es der P. vor allem um die Beschreibung und Erklärung psychischer Sachverhalte (z.B. *Lernen, Denken, Motivation* usw.). Im praktischen Bereich kann die P. Entscheidungshilfen und Handlungsanweisungen für das Erreichen angestrebter Ziele geben. Bei der vergleichenden Psychologie wird außerdem die stammesgeschichtliche Entwicklung berücksichtigt, da die seelische und geistige Entwicklung des Menschen gleichzeitig entstanden ist.

Die P. war lange Zeit ein Teilgebiet der Philosophie. Zu Beginn des 19. Jahrhunderts entwickelte sich die P. zu einer eigenständigen Wissenschaft. Das erste psychologische Laboratorium wurde 1879 von W. WUNDT in Leipzig gegründet (Experimentelle P.). Parallel hierzu entwickelte sich in Rußland durch W.M. BECHTEREW und I.P. PAWLOW die Reflexologie und in den USA der *Behaviorismus*. Gleichzeitig entwickelten sich Gegenströmungen wie z.B. die

Ganzheits-P. und die *Gestaltpsychologie*. Es entstanden ferner verschiedene Richtungen der *Tiefenpsychologie* auf der Grundlage von S. FREUDs *Psychoanalyse*.

Psychomotorik

Unter Motorik versteht man die Gesamtheit der Bewegungen des Organismus (Lehre der Bewegungsfunktionen). P. ist die Bezeichnung für die Gesamtheit der Bewegungen, die durch *psychische* Vorgänge geprägt sind. P. ist die Verschmelzung von psychischen und motorischen Funktionen. Psychische Vorgänge kommen somit weitgehend im Bewegungsablauf zum Ausdruck.

Der Russe A.R. LURIA hat als erster den Versuch unternommen, psychische Vorgänge durch die Messung feinster motorischer Reaktionen zu beurteilen. Das psychische Geschehen äußert sich in motorischen Vorgängen besonders deutlich bei Angst- und Schreckreaktionen, z. B. bei Unfällen. Psychomotorische Besonderheiten sind Tics, Stottern oder Zittern (Tremor). Die P. kann auf verschiedene Art und Weise durch psychische Krankheiten oder Hirnläsionen gestört werden. Bei *manischen* Zuständen ist z. B. das psychomotorische Tempo beschleunigt, bei Bewußtseinstrübung dagegen ist es verlangsamt. Bei Erkrankungen des Nervensystems wie z. B. den *Psychosen* kann Bewegungsarmut (Hypokinese) oder Bewegungsüberschuß (Hyperkinese) auftreten.

Psychopharmaka

Allgemeine Bezeichnung für Stoffe, die das autonome und zentrale Nervensystem (*ZNS*) beeinflussen und eine Wirkung auf psychische Funktionen haben. Sie erzeugen für eine begrenzte Zeit *Verhaltens*- und Erlebensänderungen und werden zur Behandlung von psychischen Krankheitserscheinungen eingesetzt. Zu den P. gehören Präparate mit anregender bis erregender und beruhigender bis einschläfernder Wirkung.

Psychophysiologie

Bezeichnung für eine psychologische Arbeitsrichtung, welche die Zusammenhänge zwischen *physiologischen* Prozessen einerseits und *psychologischen* Reaktionen (z. B. Emotionen) andererseits untersucht. Dabei versucht man, physiologische Vorgänge (z. B. Herzfrequenz) und ihre psychologischen *Wechselwirkungen* (z. B. Furcht) gleichzeitig zu erfassen. Die P. wird z. B. angewendet in der Arbeitspsychologie, der Belastungsforschung, der Pharmakopsychologie, der Klinischen Psychologie, der *Psychosomatik*.

Psychose

Begriff, der wahrscheinlich zum ersten Mal im „Lehrbuch der ärztlichen Seelenkunde" von FEUCHTERSLEBEN (1845) gebraucht wurde und sich im Laufe des 19. und 20. Jahrhunderts in der *Psychiatrie* allgemein durchsetzte.

Durch S. FREUD erhöhte sich die Bedeutung des Begriffs, da dieser eine scharfe Trennung zwischen P. und *Neurose* vornahm (ab 1895). P. ist die Bezeichnung für verschiedene Formen psychischer Erkrankungen, deren organische und psychische Ursachen meist unbekannt sind und die einen starken Abbau der *Persönlichkeit* zur Folge haben. Die P.n werden in zwei Hauptgruppen unterteilt:

1. Die exogenen (körperlich begründbaren) P.n werden durch Erkrankungen des Nervensystems verursacht, z. B. durch Gehirnverletzungen, akute Vergiftungen (z. B. Alkoholmißbrauch), Altersabbauprozesse (z. B. senile *Demenz*) oder Epilepsie.
2. Die Ursachen der endogenen (funktionellen) P.n sind nicht eindeutig zu bestimmen. Es wird angenommen, daß erbliche Veranlagungen und ungünstige Umweltbedingungen sowie komplizierte *Wechselwirkungen* zwischen diesen beiden Faktoren dafür verantwortlich sind. Beispiel für endogene P.n sind: *Schizophrenie, Manie,* endogene *Depression.* P.n bedürfen einer fachärztlichen Behandlung. Diese erfolgt in der Regel durch *Psychopharmaka* in Verbindung mit *psychotherapeutischen* Verfahren und Maßnahmen zur beruflichen sowie sozialen *Rehabilitation.*

Psychotherapie

Umfassende Bezeichnung für eine Vielzahl psychologischer Methoden bzw. Behandlungstechniken, die zur Linderung oder Heilung *psychischer* und *psychosomatischer* Störungen beitragen. Eine P. ist von medizinischen Techniken zu unterscheiden wie z. B. der Behandlung mit *Psychopharmaka*, Elektroschocks usw. Es gibt verschiedene Formen der P., die je nach ihrem theoretischen Konzept und nach ihrer praktischen Durchführung unterschieden werden. Diese lassen sich in drei Hauptgruppen unterteilen:

1. tiefenpsychologisch orientierte Therapien. Beispiele: *Psychoanalyse*, Analytische Therapie, Individualtherapie;
2. verhaltensorientierte Therapien. Beispiele: *Verhaltenstherapie*, Verhaltensanalyse, systematische Desensibilisierung, rational-emotive Therapie usw;
3. ganzheitliche, humanistische Therapien, z. B.: *Gesprächspsychotherapie, Gestalttherapie,* Logotherapie usw.

Eine weitere Vielzahl von Therapietechniken werden einfach nach dem Mittel (Medium) benannt, mit dem Veränderungen des Erlebens und Verhaltens bewirkt werden sollen. Beispiel: Musiktherapie, *Spieltherapie*, Körpertherapie, *Familientherapie* usw.

Pubertät

Bezeichnung für die *Entwicklungsphase* des Menschen zwischen Kindheit und Erwachsensein. Die P. ist der bedeutsamste Einschnitt des Jugendalters. In

Mitteleuropa setzt die P. bei Mädchen etwa im 11. Lebensjahr ein, bei den Jungen durchschnittlich im 12. Lebensjahr. Bei den Mädchen beginnt die P. meist mit Eintritt der ersten Regelblutung (*Menarche*). Bei den Jungen gibt es kein so klares Zeichen; die Selbstbefriedigung setzt häufig schon vor der Pollution (unwillkürlicher Samenerguß) ein. Körperliche Kennzeichen der P. sind die Fortentwicklung der Geschlechtsorgane, die Ausbildung der sekundären *Geschlechtsmerkmale* (z. B. Stimmbruch, typische Behaarung usw.) sowie Veränderungen hinsichtlich des Körperwachstums: Die relative Kopfhöhe nimmt ab, die relative Beinlänge dagegen zu. Im seelischen Bereich finden sich oft starke Gefühlsschwankungen, Unausgeglichenheit, leicht hevorrufbare Erregungszustände, Protesthaltungen vor allem gegen die Erwachsenenwelt und soziale Orientierungsschwankungen. Der körperliche Reifungsprozeß verläuft im allgemeinen parallel zur psychischen Reifung. Es können aber auch stark ausgeprägte Unterschiede zwischen diesen beiden Prozessen bestehen.

Querschnittuntersuchung

Bezeichnung für eine Untersuchungsmethode, in der Einzelpersonen aus verschiedenen Altersgruppen einmal zu einem bestimmten Zeitpunkt untersucht werden. Beispiel: Große Gruppen von Kindern verschiedenen Alters aus unterschiedlichen sozialen Schichten werden hinsichtlich ihrer Leistungsfähigkeit in Abhängigkeit von ihrem Alter untersucht. Die gewonnenen Durchschnittswerte werden miteinander verglichen. Im Gegensatz dazu steht die *Längsschnittuntersuchung*.

Rationalisierung

Psychoanalytische Bezeichnung für das logische Erklären einer Handlung, eines Gefühls oder eines Gedanken, deren eigentliche Ursache dem Bewußtsein nicht zugänglich ist, weil sie zu unangenehm ist. Beispiel: Ein Drogenabhängiger begründet seine Sucht damit, daß er auf diese Weise gegen die bürgerliche Gesellschaft protestiert. In Wirklichkeit ist sein Motiv aber ein anderes. Entgegen einer weitverbreiteten Meinung gehört die R. nicht zu den *Abwehrmechanismen*. Die Befriedigung eines Triebwunsches wird nicht unmittelbar verhindert, sondern für die Realisierung desselben wird lediglich nach einer plausiblen Begründung gesucht.

Reaktion

Allgemeine Bezeichnung für die Antwort eines Organismus auf einen *Reiz* bzw. eine Reizsituation. Beispiele: Verengung der Pupillenöffnung bei Lichteinfall, R. auf Umweltvorgänge mit bestimmten Verhaltensformen, physiologische Muskelreaktion auf einen elektrischen Reiz, allergologische Überempfindlichkeitsreaktion. Um eine R. auslösen zu können, muß der Reiz eine bestimmte Stärke besitzen. R.en laufen in verschiedenen Formen ab: als Bewegungen (z. B. *Reflexe*), in komplizierten Handlungen, in emotionalen Äußerungen usw.

Reaktionsbildung

Bezeichnung der *Psychoanalyse* für einen *Abwehrmechanismus*, bei dem das Individuum einen *unbewußten* Wunsch durch starres Festhalten an einem entgegengesetzten Verhalten abwehrt. Beispiele: Ein Kind, das für das Spielen mit seinem Kot bestraft wurde, entwickelt später vielleicht eine starke Abneigung gegen allen Schmutz. Ein verlassener Ehemann verfolgt möglicherweise die Frau, die er einmal liebte, jahrelang mit unerbittlichem Haß.

Reflex

Bezeichnung für eine ungelernte, unwillkürliche und automatische *Reaktion* auf bestimmte innere oder äußere *Reize*. Die Reaktion zwischen Sinnesorgan, Zentralnervensystem (*ZNS*) und Erfolgsorgan wird über vorgegebene Bahnen, den Reflexbogen, gesteuert. Die Antwort auf den Reiz liegt daher fest und muß nicht erst durch eine Entscheidung vom Gehirn aus gefunden werden, d. h. die Reaktion erfolgt sehr schnell. Man unterscheidet zwei Reflexarten:

1. Eigenreflex: Hier liegen die Sinnesorgane im Erfolgsorgan. Beispiel: Das Verengen der Pupille bei plötzlicher Helligkeit. Eigenreflexe werden in der Regel nur über eine Synapse geschaltet, weshalb man auch von einem monosynaptischen R. spricht.
2. Fremdreflex: Hier liegen Sinnesorgan und Erfolgsorgan räumlich getrennt. Beispiel: Beim Berühren eines heißen Gegenstands wird die Erregung der Sinneszellen aus den Fingerspitzen zum Rückenmark geleitet und dort auf eine Reihe von motorischen Nervenbahnen geschaltet, die mehrere Armmuskeln zum Zurückziehen der Hand veranlassen. Fremdreflexe laufen über mehrere Synapsen, weshalb man sie auch als polysynaptische R.e bezeichnet. Bis zu einem gewissen Grad können R.e bewußt unterdrückt oder beeinflußt werden.

Reflexion

Bezeichnung für die Richtungsveränderung der Aufmerksamkeit vom Objekt auf das Subjekt. Bei der R. findet eine bewußte Betrachtung der eigenen inneren *psychischen* Vorgänge statt. Ziel dabei ist, eine größere Klarheit für sich selbst zu finden. Beispiel: Beziehungen werden überdacht, zukünftige Handlungen werden in bezug auf äußere Bedingungen geplant usw. R. wird auch als *psychotherapeutische* Technik angewendet: Der Therapeut faßt die Äußerungen des Klienten in anderen Worten zusammen, bestätigt den Inhalt und betont dabei die emotionale Bedeutung des Gesagten.

Regression

Allgemeine Bezeichnung für das Zurückschreiten und Zurückgreifen auf frühere Entwicklungsstadien. Von R. spricht man auch im Sinne von Rückbildung, z.B. als Abbau von geistigen Fähigkeiten mit zunehmendem Alter. In der *Psychoanalyse* ist R. die Bezeichnung für einen *Abwehrmechanismus*, bei dem die Person wieder in Verhaltensweisen zurückfällt, die auf einer früheren Entwicklungsstufe auftraten und längst überwunden waren. Beispiel: übermäßiges Essen bei Liebeskummer als Rückfall in die kindlichen sexuellen Wünsche der *oralen* Phase. R. tritt bei besonders schweren *Frustrationen* auf. Voraussetzung regressiven Verhaltens ist, daß wichtige *Triebwünsche* in einer früheren Entwicklungsphase nicht ausreichend befriedigt wurden.

Rehabilitation

Allgemeine und umfassende Bezeichnung für die Wiedereingliederung des Menschen in das Berufs-, Privat- oder soziale Leben nach einer körperlichen, geistigen oder psychischen Erkrankung bzw. nach einer sozialen Isolation. Beispiele: Krankheiten, Gefängnisaufenthalt, Drogenabhängigkeit, Unfallschädigung usw. Die R. verfolgt dabei das Ziel, Folgen der Erkrankungen zu mindern bzw. zu beseitigen und die betroffene Person möglichst dauerhaft in die Gesellschaft wieder einzugliedern. Der Betroffene soll dabei in die Lage versetzt werden, an den allgemeinen gesellschaftlichen Prozessen (Wohnen, Arbeiten, *Kommunikation* usw.) sinnvoll teilzunehmen. Die R. erfolgt, unabhängig von der Entstehungsursache der Krankhcit, in einer Vielzahl öffentlicher und privater Einrichtungen, die sich zum Teil auf bestimmte Behinderungsarten spezialisiert haben (z.B. Blindenanstalten, Heimsonderschulen usw.). Bei der R. unterscheidet man je nach Zielsetzung:

1. medizinische R.: ärztliche Behandlung und Versorgung, Beseitigung der Gebrechen, Kuren usw.,
2. berufliche R.: Erwerb von Kenntnissen und Fähigkeiten für einen neuen bzw. anderen Beruf durch Ausbildung, Fortbildung, Umschulung usw.,
3. soziale R.: Wohnungsbeschaffungsmaßnahmen, finanzielle Beihilfen, Steuererleichterungen usw.,
4. psychische R.: *Gruppen-* und *Verhaltenstherapie*, Beschäftigungstherapie, Schaffung günstiger Umweltbedingungen, Wohnheime, beschützende Werkstätten usw.

Eine Vielzahl von Fachleuten (z.B. Ärzte, Psychologen, Sozialarbeiter, Berufsberater usw.) bemühen sich darum, die Betroffenen in ihren Belangen optimal zu betreuen, um eine Eingliederung in die Gesellschaft wieder zu ermöglichen.

Reife

Bezeichnung für den Zustand des vollentwickelten Organismus. Beim Menschen unterscheidet man die körperliche, geistige, emotionale und seelische R. Mit R. bezeichnet man meist das mittlere Lebensalter. Dies ist dadurch gekennzeichnet, daß die körperliche Entwicklung vollendet ist und (den *Normen* entsprechend) eine psychische Festigung eingetreten ist. Die Suche nach den allgemeinen Lebensidealen und Zielen ist abgeschlossen und der Mensch konzentriert sich auf die Bewältigung der Lebensanforderungen. In der *Psychologie* spricht man statt von menschlicher R. mehr von der sozialen R. Im juristischen Sinne versteht man unter R. sowohl Verantwortlichkeit als auch Strafmündigkeit (*Verantwortungsreife*).

Reiz

Bezeichnung für Vorgänge oder Erscheinungen, welche die Sinnesorgane eines Organismus erregen. R.e entstammen der Außenwelt (Außenreize) oder dem eigenen Organismus (Innenreize). Man unterscheidet optische, mechanische, thermische, elektrische und andere R.e. Die Antwort auf einen R. bezeichnet man als *Reaktion*. Der R. muß eine bestimmte Stärke besitzen, um eine Reaktion auszulösen. Ist der R. zu schwach und überschreitet nicht die Reizschwelle, wird er nicht wahrgenommen. Folgen zwei R.e aufeinander, muß eine bestimmte Differenz bestehen, damit ein Unterschied zwischen den beiden R.en wahrgenommen werden kann. Sind R.e zu stark und überschreiten sie die Reizschwelle, lösen sie Schmerzen aus (Schmerzschwelle). Die Reizschwelle ist nicht gleichbleibend. Sie hängt immer von verschiedenen inneren und äußeren Umständen ab.

Reliabilität

Die R. ist neben der *Objektivität* und der *Validität* eines der wesentlichen *Testgütekriterien* psychodiagnostischer Instrumente. Die R. gibt die Zuverlässigkeit einer Meßmethode an. Ein Test wird dann als reliabel bezeichnet, wenn es bei einer Wiederholung der Messung unter denselben Bedingungen und an denselben Gegenständen zu demselben Ergebnis kommt. Die R. eines Tests läßt sich u. a. durch eine Testwiederholung (Retest-Methode) oder einen anderen, gleichwertigen Test ermitteln. Das Maß der R. ist der Reliabilitätskoeffizient und definiert sich aus der Korrelation der beiden Testungen.

Reproduktion

Bezeichnung für die Wiedergabe von *Lern-* oder *Bewußtseinsinhalten*, die zuvor angeeignet worden sind. Beispiel: Eine Versuchsperson (Vp) bekommt die Aufgabe, 10 Zahlen zu lernen. Im Anschluß an diesen Lernvorgang hat sie diese Zahlen zu reproduzieren (wiederzugeben). Reproduktionsmethoden sind z. B. die Erlernungsmethode, die Ersparnismethode, die Methode der behaltenen Glieder usw.

Im Gegensatz dazu gibt es das Wiedererkennen von angeeigneten Lern- oder Bewußtseinsinhalten. Beispiel: Eine Vp bekommt die Aufgabe, 10 Zahlen zu lernen. Im Anschluß an diesen Lernvorgang wird ihr ein Blatt mit Zahlen vorgelegt. Aufgabe der Vp ist es, die vorher gelernten Zahlen wiederzuerkennen und zu benennen.

Retardierung

Allgemeine Bezeichnung für die Verlangsamung oder Hemmung der körperlichen und/oder geistigen *Entwicklung* eines *Individuums*. Beispiel: Verzögerung des Körperwachstums oder der Intelligenzentwicklung gegenüber Altersgenossen (sog. Spätentwickler). Als Ursache werden Gehirn-, Drüsen- oder Stoffwechselerkrankungen, aber auch Mangelernährung oder ungünstige soziale Verhältnisse angenommen. Bei einer Beschleunigung der Entwicklung spricht man von *Akzeleration*.

Rolle

Bezeichnung für das erwartete Verhalten einer Person, die innerhalb einer (Bezugs-)*Gruppe* bzw. eines sozialen Systems eine bestimmte Position (*Status*) einnimmt. Beispiel: Arzt. Hier gibt es bestimmte Erwartungen hinsichtlich der Kleidung, Sprechweise usw., aber auch der Hilfsbereitschaft (z. B. nachts Schwerkranke zu behandeln, bei Wind und Wetter Hausbesuche zu machen).

Das Verhalten (z. B. des Arztes) muß den Rollenerwartungen entsprechen, ansonsten riskiert der Betroffene, mit Sanktionen (Strafen) belegt zu werden (z. B. nicht mehr geachtet zu werden). Wird das erwartete Verhalten gezeigt, so erfolgen positive Sanktionen (z. B. Anerkennung). Einer Gesellschaft stehen viele negative und positive Sanktionen zur Verfügung, mit denen sie Personen zur Erfüllung von Rollenerwartungen zwingen kann.

Der Mensch lebt sein ganzes Leben innerhalb von R.n. Anfänglich ist es die R. des Kleinkindes, dann die des Jugendlichen, später die des Studenten oder Lehrlings, des Familienvaters usw. R.n verschaffen dem Menschen Sicherheit, da er um bestimmte Rollenerwartungen weiß und sie erfüllen kann. Entsprechen die Rollenerwartungen aber z. B. nicht seinen Wünschen, engen sie ihn auch ein (z. B. die Mutter und Hausfrau, die gerne berufstätig sein möchte).

Rollenspiel

Bezeichnung für eine Form des kindlichen *Spiels*, in der das Kind innerhalb einer *Gruppe* (z. B. beim Räuber-und-Gendarm-Spiel) oder einzeln (z. B. Prinzessin, Indianer) verschiedene soziale *Rollen* nachahmt. MORENO (1890–1974) beobachtete in Wien, wie Kinder auf einem Spielplatz im R. ihre *Konflikte* und *Affekte* ausagierten und bearbeiteten. Er spielte mit und ging später auch in die Familien, um den Menschen durch das R. Hilfe zu geben. Moreno entwickelte auf dieser Grundlage nach seiner Auswanderung in die USA ein Konzept der *Gruppentherapie* und des *Psychodramas*. R.e werden heute im Psychodrama zu therapeutischen Zwecken eingesetzt. Der Klient lernt durch den Rollentausch, die *Motivation* seiner Gegenspieler besser zu erkennen, und kann gleichzeitig seine *Emotionen* reinigend abreagieren.

Sadismus

Allgemeine Bezeichnung für eine Form der sexuellen Perversion, wobei die sexuelle *Befriedigung* durch das Zufügen von Schmerzen erreicht wird. Die Bezeichnung S. geht auf den französischen Schriftsteller D.A.F. Marquis DE SADE (1740-1814) zurück. In einer Reihe obszöner Romane beschrieb de Sade sehr realistisch Perversionen dieser Art. 1886 führte R. von KRAFFT-EBING unter Bezugnahme auf die Werke de Sades diesen Begriff für eine Form der sexuellen Perversion ein. Die Befriedigung des Geschlechtstriebs ist an die Demütigung und Mißhandlung des Partners gebunden. Sadistische Handlungen reichen von Beißen, Kratzen und Schlagen über Auspeitschen mit schwersten Verletzungen.

Psychoanalytisch betrachtet versteht man unter S. eine Abwehr von *Kastrationsängsten*. Das, was der Sadist befürchtet, vollzieht er aktiv (*symbolisch*) an anderen Menschen. Nach E. FROMM kennzeichnet der S. die Selbstbehauptung eines psychischen Krüppels, dem es an innerer Produktivität fehlt. Der Begriff S. wird oft als Gegenbegriff zum *Masochismus* verwendet.

Sceno-Test

Bezeichnung für einen *projektiven Test*, der 1939 von der Kinderpsychotherapeutin G. von STAABS als Teil der *Spieltherapie* entwickelt wurde. Mithilfe von biegsamen menschlichen Figuren, Tierfiguren, Bausteinen, Bäumen usw. soll das Kind beliebige Szenen gestalten. Der Test geht von der Annahme aus, daß das Bauen und Gestalten von Szenen zu einer Darstellung der unbewußten *Konflikte* führt, da die *Projektionen* und *Identifikationen* des Kindes in das *Spiel* einfließen. Der Verlauf des Spiels sowie die fertige Szene werden vom Kind kommentiert und vom Versuchsleiter (Vl) protokolliert. Die Auswertung ist nicht standardisiert, und die Interpretation erfolgt inhaltlich-qualitativ. Wie bei allen projektiven Testverfahren müssen auch hier Bedenken hinsichtlich *Objektivität*, *Reliabilität* und *Validität* angemerkt werden.

Schizophrenie

Krankheitsbild, das erstmals von dem Psychiater E. KRAEPLIN (1865–1926) als Dementia praecox beschrieben wurde und später von E. BLEULER (1857–1939) als S. bezeichnet wurde. Die S. gehört zu der Gruppe der endogenen *Psychosen*, die durch eine Reihe von charakteristischen, tiefgreifenden Störungen von Persönlichkeitsbereichen gekennzeichnet ist:

1. Störungen des Ich-Bewußtseins: Aufhebung der Grenze zwischen *Ich* und Außenwelt. Die eigene Person, Körperteile, Gedanken oder Gefühle werden als fremd bzw. von außen gesteuert erlebt;
2. Denkstörungen: Das Denken ist sprunghaft und zerfahren, es treten Begriffsverschiebungen bzw. -verschmelzungen auf. Häufig tauchen auch Wortneuschöpfungen auf;
3. Störungen des Gefühls: Gefühlsäußerungen sowie Mimik erscheinen gekünstelt oder verflacht. Die gefühlsmäßigen Beziehungen zur Außenwelt sind kühl und anklammernd zugleich. Sehr oft tritt auch ein sozialer Rückzug auf;
4. Wahrnehmungsstörungen: Es treten akustische Halluzinationen (Stimmen hören) und Wahnideen (z. B. Verfolgungswahn) auf. Häufig findet man auch Antriebs- und Bewegungsstörungen vor bzw. eine *katatone* Erregung.

Man unterscheidet je nach den Symptomen verschiedene Formen der S.:
1. Schizophrenia simplex: relativ symptomarm,
2. Hebephrenie: gekennzeichnet durch Gefühls- und Willensstörungen, tritt bereits im Jugendalter auf;
3. *Katatonie:* Störungen der Willkürbewegungen (*Stupor* oder Erregung);
4. paranoide S.: Wahn und Halluzinationen stehen im Vordergrund.

S.n können langsam fortschreiten oder in Schüben verlaufen. Sie können auf jeder Stufe abklingen und zum Stillstand kommen. Meist hinterlassen sie jedoch bleibende Persönlichkeitsstörungen. In der gesamten Welt leiden mehr als 40 Millionen Menschen an S. In psychiatrischen Krankenhäusern stehen Patienten mit der Diagnose S. an zweiter Stelle der Erstaufnahme. Die Ursachen der S. sind bis jetzt ungeklärt. Früher hatte man angenommen, daß S. eine Erbkrankheit ist; diese These wurde verworfen. Die neueren Forschungen sprechen für eine Reihe ursächlicher Faktoren wie z. B. *genetische*, biochemische, psychodynamische und soziale Faktoren. Die Behandlung der S. mit *Psychopharmaka* dient der Ruhigstellung des Betroffenen, ist jedoch als alleinige Therapie nicht ausreichend. Hinzu kommen deshalb *psychotherapeutische* sowie sozialtherapeutische Maßnahmen.

Schulreife

Bezeichnung für den erforderlichen körperlichen und geistigen Entwicklungsgrad, der für den Schulbeginn notwendig ist. In Mitteleuropa liegt dieser um das 6. Lebensjahr herum. Die S. umfaßt u. a. folgende Bereitschaften und Fähigkeiten: Aufgaben übernehmen, zwischen Spiel und Arbeit unterscheiden, sich in die Schulklasse einordnen, ausdauernd und zielstrebig arbeiten, unabhängig von ständiger Betreuung durch die Familie sein.
Bei der körperlichen S. geht es darum, sicherzustellen, daß der Schulanfänger den physischen Anforderungen gewachsen ist, die ein Schulbesuch mit sich bringt. Um die psychische S. feststellen zu können, werden meist Testver-

fahren herangezogen. Manchmal wird vom körperlichen Entwicklungsstand des Kindes ein Rückschluß auf seinen psychischen Entwicklungsstand gezogen. Diese Schlußfolgerung ist sehr umstritten.

Früher wurden schulunreife Kinder vom Unterricht zurückgestellt, um ihnen Gelegenheit zur Nachreifung zu geben. Dabei blieb das Kind in der Regel in seiner bisherigen Umgebung, ohne eine zusätzliche Förderung zu erfahren. Heute geht man davon aus, das man psychische Entwicklungsverläufe aktiv beeinflussen kann. Der Entwicklungsstand eines Kindes scheint weniger von den Reifungsprozessen als von seinen Lernerfahrungen abhängig zu sein. Diese Sichtweise hat zu der Forderung geführt, daß noch nicht schulfähige Kinder einer besonders intensiven Förderung bedürfen.

Sekundäre soziale Fixierung

Die S. ist nach D. CLAESSENS die dritte Phase der *Sozialisation*. Wenn der heranwachsende Mensch die *Normen* und Erwartungen seiner Umwelt akzeptiert, verinnerlicht (*internalisiert*) und sich mit den wesentlichen dieser Normen *identifiziert*, ist der Prozeß der Sozialisation abgeschlossen. Der bzw. die Jugendliche entwickelt einen Lebensentwurf, der unter den gegebenen Bedingungen zu verwirklichen ist.

Selbstbild

Allgemeiner Begriff für die *bewußte* Wahrnehmung, die ein Mensch von sich selbst hat. Diese steht häufig im Widerspruch zu dem, wie uns andere wahrnehmen. Beispiel: Jemand, der sich selbst für großzügig hält, wird von anderen als kleinlich und geizig wahrgenommen. In diesem Falle stimmen S. und *Fremdbild* nicht überein.

Selbstwertgefühl

Bezeichnung für die gefühlsbezogene Seite des Selbstbewußtseins bzw. der Selbsteinschätzung. Das S. entsteht als eine Reaktion auf die in der *Sozialisation* und in der frühkindlichen *Entwicklung* erfahrenen sozialen Beziehungen.

Je nach Form und Qualität dieser Erfahrungen kann sich eine übersteigerte (Selbstüberschätzung), eine positive (Selbstachtung) oder negative Vorstellung gegenüber dem eigenen Ich ausbilden (*Minderwertigkeitsgefühl*). Für die Ausbildung des S. spielen neben den frühkindlichen Einflüssen (z.B. Eltern, Aufbau von Vertrauen und Selbstvertrauen usw.) auch weitere soziale Faktoren (z.B. *Status*, persönliche Erfolge) und die jeweiligen Bezugsgruppen (z.B. Familie, Freundeskreis usw.) eine wichtige Rolle.

Ein zu wenig entwickeltes S. führt zu einer Verhaltensunsicherheit. Dies belastet die psychische Stabilität eines Menschen ebenso wie seine sozialen Beziehungen. Allerdings kann das Streben nach einer Erhöhung des S. auch als Motor für soziale Handlungen (*Motivation*) und als Antrieb für künstlerische

Tätigkeiten wirken. Ein ausgeprägtes S. kann aber nicht nur stabilisieren, sondern auch gegenüber Impulsen aus der Umwelt (Kritik, Lob, Orientierungshilfen) mitunter unempfindlich machen.

self-fulfilling prophecy

Dieser Begriff wurde von dem Soziologen R.K. MERTON eingeführt und ist die Bezeichnung für eine sich selbst bestätigende Vorhersage. Wenn eine Person von einer bestimmten Sache glaubt, daß sie wahr ist und eintreten wird, trägt sie durch ihre Handlung und ihr Verhalten dazu bei, daß diese Prophezeiung auch eintritt. Beispiel: ROSENTHAL und JACOBSEN haben in Untersuchungen gezeigt, daß Lehrer, die experimentell dazu bewegt wurden, einen Schüler als dumm einzuschätzen, durch ihr Verhalten tatsächlich dessen schulische Entwicklung verzögern konnten (Rosenthal-Effekt).

Sensomotorik

Bezeichnung für die gesamte Aktivität in sensorischen und *motorischen* Teilsystemen des Nervensystems, die durch Reize hervorgerufen wird. Als sensomotorisch bezeichnet man auch diejenigen Prozesse, in denen ein unmittelbarer Zusammenhang zwischen *Wahrnehmung* und *Verhalten* besteht. Beispiel: Koordination von Auge und Handbewegung beim Schreiben.

Sexualität

Allgemeine Bezeichnung für den Geschlechtsverkehr zwischen verschiedenen (Heterosexualität) oder gleichen (Homosexualität) Geschlechtern. Der Begriff schließt weiterhin die mit dem Geschlechtsakt (Koitus) verbundenen *Antriebe*, *Gefühle*, Erwartungen, Einstellungen und *Verhaltensweisen* ein.

Unter Physiosexualität versteht man das morphologische Geschlecht, das *Hormongeschlecht*, das Keimdrüsengeschlecht sowie andere spezifische weibliche und männliche körperliche *Geschlechtsmerkmale*.

Die Psychosexualität umfaßt die eigene Sexualerfahrung, die Verarbeitung der eigenen S. (d.h. die Folgen der Erziehung als Junge bzw. als Mädchen), das sexuelle Interesse am Mitmenschen sowie andere soziokulturelle Faktoren wie z.B. *Moral*, Religiosität usw. Beispiel: Bei einer strengen Reinlichkeitserziehung in der Kindheit kann es dem Erwachsenen später schwer fallen, seine Geschlechtsorgane als normale und *Lust* spendende Körperteile zu erleben und anzunehmen. Eine wichtige Voraussetzung für eine befriedigende S. im Erwachsenenalter ist wahrscheinlich eine körperfreundliche Erziehung in der Kindheit. Weiterhin förderlich ist eine offene Familie, in der das Kind alle Fragen stellen darf und auch wahrheitsgemäß beantwortet bekommt. Auf diese Weise kann es sich das Wissen selbst verschaffen, das es zu seiner Entwicklung braucht.

Signifikanz

Begriff aus der *Statistik* für überzufällige Beziehungen oder Abweichungen von statistischen Berechnungen, die nicht durch einen Zufall erklärt werden können. Beispiel: In einem psychologischen Experiment wird Gruppe 1 mit Therapie A behandelt und Gruppe 2 mit Therapie B. Nach Behandlungsende stellt sich heraus, daß Gruppe 1 mit Therapie A im Mittel einen größeren Therapieerfolg aufweist als die mit Therapie B behandelte Gruppe. Ist der Behandlungserfolg gering, wird man bereit sein, dies durch den Zufall zu erklären; man spricht dann von einem insignifikanten Effekt und behält die Nullhypothese bei.

Zur Beurteilung der S. hält die Statistik sog. S.-Tests bereit. Ist in dem oben genannten Beispiel der Mittelwertsunterschied groß im Verhältnis zu den Unterschieden innerhalb der beiden Therapiegruppen, wird ein solches Verfahren S. anzeigen. Man schließt daraus, daß Therapie A tatsächlich wirksamer ist als Therapie B.

Skinner-box

1930 führten THORNDIKE und SKINNER eine Versuchsanordnung zur Untersuchung der Lernfähigkeit bei Tieren (z. B. Ratten) ein, den P. Dies ist ein Kasten mit bestimmten Vorrichtungen, z. B. zum Öffnen des Futterbehälters. Das Tier muß mehrere Hebel in genau festgelegter Reihenfolge drücken, um eine Futterbelohnung zu erhalten. Die Aufgabe läßt sich nur *durch Lernen durch Versuch und Irrtum* lösen. Gemessen wird die Anzahl der Fehler, die das Tier macht, die notwendigen Wiederholungen bis zur Futterbelohnung und die benötigte Zeit, um den richtigen Weg zu lernen.

Soziabilisierung

Die S. ist nach D. CLAESSENS die erste Phase der *Sozialisation*. Durch die Erfahrung, daß die *Bezugsperson* zuverlässig seine *Bedürfnisse* befriedigt, erwirbt der Säugling eine emotionale Fundierung, auch sozialer Optimismus oder *Urvertrauen* genannt. Erste Objektbeziehungen (*Beziehungen* zu den Bezugspersonen) bilden die Grundlagen, die alle späteren Wahrnehmungs- und Bewußtseinsprozesse beeinflussen. Schwerwiegende Störungen in der Soziabilisierung führen zu langfristig schwerwiegenden Folgen. Auf die Soziabilisierung folgt die *Enkulturation*.

soziale Erwünschtheit

Bezeichnung für eine Tendenz, ein Item (Fragestellung) nicht mit der persönlich zutreffenden Antwort zu beantworten, sondern nach sozialen *Normen*, die nach Auffassung der Versuchsperson die erwünschtesten sind. Eine Antwort im Sinne der s.n E. gehört zu den Reaktionseinstellungen, die das Ergebnis von Einstellungsmessungen (z. B. Meinung) verfälschen können. Beispiel:

Ein Item in einem Fragebogen lautet: „Sie fahren abends mit dem Auto auf einer unbelebten Straße. Am Straßenrand steht ein Auto mit einer Panne, und der Fahrer winkt Ihnen zu. Würden Sie anhalten?" Die Antworten auf ein solches Item müssen wegen der s. E. nicht viel mit der Wirklichkeit zu tun haben.

Sozialisation

Bezeichnung für den Prozeß des Menschen, vor allem des Kindes, in das *Normensystem* der Gesellschaft hineinzuwachsen. Beispiel: Das Kind wird mit Sprache, Schrift, Zahlen sowie den typischen *Verhaltensweisen* einer Gesellschaft vertraut gemacht und eignet sich diese an.

S. und *Erziehung* sind in vielen Bereichen identisch bzw. überschneiden sich. Das Ergebnis der S. ist, daß soziale Normen selbstverständlich werden und sich der einzelne Mensch mit den gesellschaftlichen Institutionen *identifiziert*. Ziel der S. ist, daß äußere Anweisungen der Gesellschaft durch innere Kontrollen ersetzt werden und der Erwachsene sich an den Werten der Gesellschaft orientiert, so als ob diese seine eigenen Normen, Verhaltensstandards und Überzeugungen wären. Die primäre S. erfährt das Kind in seiner Familie, die sekundäre S. findet in der Schule statt, die tertiäre S. vor allem in Arbeit und Beruf.

Sozialpsychologie

Allgemeine Bezeichnung für ein Teilgebiet der *Psychologie*, das sich mit dem Verhältnis von Personen zu *Gruppen* beschäftigt. Dabei untersucht die S., wie sich *individuelles* Verhalten durch soziale *Interaktion* entwickelt und modifiziert und welche Rückwirkungen dies innerhalb und außerhalb des sozialen Feldes hat. Die wichtigsten Themenbereiche: Intra- und Intergruppenbeziehungen, soziale Einstellungen, *Sozialisation*, Einstellungsveränderungen, Vorurteile und Stereotype, *Konformität*, *Normen- und Rollenverhalten*, Entstehung von *Aggression* und *Konflikten*, Einfluß der sozialen Umwelt auf die Wahrnehmung usw.

Soziogramm

Bezeichnung für ein Standardverfahren der *Soziometrie,* entwickelt von dem amerikanischen Psychiater J.L. MORENO (1892). Das S. ist ein Schaubild, in dem die Ergebnisse eines soziometrischen Tests dargestellt werden. Untersucht werden dabei die Beziehungen zwischen den Mitgliedern einer *Gruppe* in Form von Fragen. Beispiele: „Mit welchem Gruppenmitglied würdest Du gerne Deine Freizeit verbringen?", „Neben welchem Gruppenmitglied möchtest Du nicht sitzen?" Die Beziehungswünsche geben Aufschluß darüber, welche Gruppenmitglieder besonders beliebt bzw. unbeliebt sind und ob sich z. B. Untergruppen in Form von Cliquen gebildet haben.

Im S. werden die sozialen Beziehungen graphisch dargestellt. In einem Kreis- oder Koordinatensystem werden die Personen als Punkte dargestellt, wobei es zur Unterscheidung der Geschlechter für Männer und Frauen verschiedene Zeichen gibt. Die von den Gruppenmitgliedern getroffenen Wahlen (positiv oder negativ) werden in Form von Linien oder Pfeilen (z. B. farbig, gestrichelt) abgebildet.

Mithilfe des S.s erhält man Auskünfte über emotionale Distanz oder Nähe zwischen Personen in einer Gruppe, über mögliche Cliquenbildung sowie über Rangordnung, Gruppenführer und Außenseiter. Die von Moreno entwickelte Form ist nur bei Gruppen unter 20 Personen anwendbar; bei mehr Teilnehmern wird das S. zunehmend unübersichtlich und muß daher anders dargestellt werden.

Soziometrie

Begriff aus der *Sozialpsychologie*. Als Begründer der S. gilt der amerikanische Psychiater J.L. MORENO (1892). Unter S. versteht man das Messen gesellschaftlicher Verhältnisse. Der von Moreno entwickelte soziometrische Test (*Soziogramm*) dient der Erfassung und Darstellung sozialer und emotionaler Beziehungen zwischen den Mitgliedern einer *Gruppe* (z. B. in der Schule). Ermittelt wird u. a. die Intensität der gegenseitigen Sympathie bzw. Antipathie. Aus der Auswertung der abgegeben gegenseitigen Wahlen oder Ablehnungen ergeben sich typische Positionen wie z. B. der Star, der Führer, der Außenseiter, das schwarze Schaf (*Sündenbock*) usw.

Spiel

Bezeichnung für eine *lustvolle* körperliche oder geistige *Aktivität* von Menschen, besonders Kindern, und Tieren, die ohne *Zwang* von außen ausgeübt wird und ihren Sinn in sich selbst hat. Bei Kindern nimmt das S. während der ersten Lebensjahre die Hauptzeit und -aktivität ein. Das S. ist nicht nur Ausdruck eines Tätigkeitsdranges, sondern dient gleichzeitig der Einübung wichtiger Fertigkeiten sowie der Ausbildung von Funktionen (z. B. Geschicklichkeit).

Nach C. BÜHLER unterscheidet man:

1. das Funktionsspiel (1. Lebensjahr): Gegenstände werden berührt, geschoben oder geworfen, Sachen werden ein- oder ausgeräumt, Bewegungsabläufe werden eingeübt;
2. das Fiktions- und *Rollenspiel* (2. Lebensjahr): Kinder versetzen sich in eine andere Rolle und imitieren Erwachsene oder Spielkameraden aus ihrer Erlebnissicht;
3. das Rezeptions- und Konstruktionsspiel (2. Lebensjahr): Es werden Märchen angehört und Bilder betrachtet; hinzu kommt das Bearbeiten von Material, das Bauen von Türmen, das Zeichnen usw.;

4. das Regelspiel (5. Lebensjahr): Die Regeln eines Spieles müssen eingehalten werden, es gibt feste Vorschriften (z. B. beim Fußball).

Das S. hat heute eine wichtige Rolle im therapeutischen Bereich erlangt, z. B. die *Spieltherapie* bei Kindern und das Rollenspiel in der *Verhaltenstherapie* bei Erwachsenen.

Spieltherapie

Bezeichnung für eine Form der Kinderpsychotherapie, die vor allem durch Anna FREUD (1895–1982) und Melanie KLEIN (1882–1960) begründet wurde. Die Kinder bekommen eine Auswahl von Spielsachen oder Spielen vorgelegt und spielen damit in Anwesenheit des beobachtenden Therapeuten. Die Grundannahme (*Hypothese*), die der S. dabei zugrunde liegt, ist, daß die Kinder im Umgang mit Puppenfamilien, Tierfiguren, Bausteinen usw. ihre familiäre Situation sowie *verdrängte* Konflikte zum Ausdruck bringen. Das Spiel wird deshalb als Zugang zum *Unbewußten* des Kindes eingesetzt. Es wird angenommen, daß durch das Spiel und das damit verbundene Durchleben und Ausdrücken seelischer Konfliktsituationen kindliche Verhaltensstörungen bzw. *neurotische* Fehlhaltungen erkennbar werden, und dabei gleichzeitig eine konfliktbereinigende Wirkung haben. Wesentliches Element der S. ist der sogenannte *Sceno-Test*.

Statistik

Allgemeine Bezeichnung für die Sammlung und Auswertung von Zahlenmaterial, um über Häufigkeiten und Beziehungen zwischen Häufigkeiten Aufschluß zu erhalten. Die S. ist ein Teilgebiet der angewandten Mathematik. Für die *empirisch* arbeitende Psychologie ist sie ein außerordentlich wichtiges Hilfsmittel. Dabei unterscheidet man allgemein die deskriptive (beschreibende) S. und die Inferenz (schlußfolgernde S.). Die beschreibende S. ermöglicht es z. B., für große Mengen von Daten eine bessere Übersicht zu gewinnen und in dem Datenmaterial steckende Besonderheiten zu erkennen, die sonst nicht ersichtlich wären.

Die schlußfolgernde S. dient der Prüfung statistischer *Hypothesen*. Mithilfe des Wahrscheinlichkeitsmodells wird das Zutreffen einer Hypothese innerhalb bestimmter wahrscheinlicher Gültigkeitsbereiche anhand von *Stichproben* überprüft. Ein Beispiel für solch eine statistische Hypothese ist die Nullhypothese, die besagt, daß sich die aus Stichproben gewonnenen S.en voneinander nicht oder nur zufällig unterscheiden.

Status

Bezeichnung für die Position einer Person innerhalb einer *Gruppe* bzw. Gesellschaft. Mit dem S. sind häufig Ansehen und Rechte verbunden. S. ist weiterhin durch bestimmte *Symbole* gekennzeichnet, z. B. durch Titel (z. B. Dr.

med.), die als sichtbarer Hinweis die jeweilige Position der Person erkennen lassen. Der S. ist entweder zugeschrieben (z. B. von Geburt an einen Adelstitel besitzen), übertragen (z. B. durch Heirat den S. des Ehepartners erhalten) oder erworben (z. B. durch besondere Arbeitsleistungen). Als sozioökonomischen S. bezeichnet man den sozialen S., der z. B. durch Bildungsgrad (Hochschulstudium) oder wirtschaftliche Verhältnisse (Einkommen) definiert ist. In der Medizin meint S. den Zustand oder Befund, von dem bei einer *Diagnose* ausgegangen wird.

Stichprobe

Bezeichnung für eine Teilmenge von Meßobjekten, die nach bestimmten Kriterien ausgewählt werden (z. B. alle Männer eines bestimmten Alters) und für die Grundgesamtheit (Population) repräsentativ sein sollen. Aus verschiedenen Gründen (finanziell, zeitlich usw.) ist es nicht möglich, bei *empirischen* Untersuchungen die Menge aller Merkmalsträger zu untersuchen (z. B. Personen, Dinge, Ereignisse), sondern nur einen Teil davon. Diese Teilmenge nennt man S. Damit die an der S. gewonnenen Ergebnisse auf die Grundgesamtheit übertragbar sind, sollte die S. für die Population repräsentativ sein, um Rückschlüsse auf den interessierenden Sachverhalt bei der betreffenden Population machen zu können.

Stigma

Allgemeine Bezeichnung für ein Kennzeichen, Merkmal oder Wundmal. Als Stigmata bezeichnete FRANZ von ASSISI (1224) Wundmale Christi beim gläubigen Christen. In der *Psychoanalyse* spricht man von S.ta, wenn es sich um *psychosomatische* Symptome handelt, die z. B. auch während einer psychoanalytischen Behandlung auftreten können (z. B. Hautblutungen, Schwellungen usw.). In der *Psychiatrie* bezeichnet man mit S.ta Zeichen, deren Vorhandensein bestimmte Störungen oder Krankheiten anzeigen (z. B. *hysterische* Stigmata wie Lähmungen oder Krämpfe). In der soziologischen und sozialpsychologischen Theorie ist nach HOHMEIER S. ein Sonderfall des sozialen Vorurteils gegenüber bestimmten Personen. Durch das S. werden diesen Menschen negative Eigenschaften zugeschrieben (*Stigmatisierung*). Dabei führt ein einzelnes, negativ bewertetes Merkmal zur Verleugnung der gesamten Person. Beispiel: Frauen mit Damenbart haben auch sonst männliche Züge.

Stigmatisierung

Bezeichnung für die Zuschreibung eines Merkmals (*Stigma*) auf eine Person, das von der Gesellschaft negativ bewertet wird und sich für den einzelnen Menschen negativ auswirken kann. Beispiele: uneheliche Geburt, körperliche oder geistige Behinderung usw.

Stoffwechsel

Allgemeine und umfassende Bezeichnung für alle chemischen Veränderungen des lebenden Organismus. Der S. wird heute als antagonistisches (gegensätzliches) Wirken zweier Funktionen aufgefaßt: Anabolische (aufbauende) und katabolische (abbauende) Vorgänge stellen ein Gleichgewicht (Homöostase) im Organismus her.

Stupor

Bezeichnung für einen Zustand der Erstarrung bzw. Betäubung. Beim S. fehlt jegliche Form der körperlichen oder psychischen Aktivität. Der Betroffene ist wach und bei klarem Bewußtsein, zeigt aber keinerlei Bereitschaft zur *Reaktion* bei dem Versuch, mit ihm in Kontakt zu treten. S. ist gekennzeichnet durch ein starres Gesicht, einen ausdruckslosen Blick und eine emotionslose Mimik. Der Betroffene spricht und bewegt sich nicht, Nahrung muß ihm meist künstlich zugeführt werden. S. kommt vor bei *Schizophrenie*, *Depression*, Hirnerkrankungen, Epilepsie sowie in emotionalen Belastungssituationen (z. B. Prüfungsstreß, Streß), aber auch als Reaktion auf Schrecksituationen (z. B. nach einem Überfall).

Subjektivität

Bezeichnung für das Vorhandensein bzw. die Gültigkeit eines Inhalts in einem *individuellen* (persönlichen) *Bewußtsein*. Alle Erlebnisinhalte eines Menschen (z. B. Wahrnehmung, Gedanken, Gefühle usw.) sind insofern subjektiv, als daß sie nur dieser Person direkt zugänglich sind und nicht von außen (z. B. durch andere Personen) beobachtet werden können. Die S. ist ein wichtiges Kennzeichen psychologischer Vorgänge in einem Menschen. Der Gegenbegriff der S. ist die *Objektivität*.

Sublimierung

Unter S. versteht man die Umwandlung des (unbefriedigten) Geschlechtstriebs in eine geistige Leistung. Der Begriff stammt aus der *Psychoanalyse*. Nach S. FREUD versteht man darunter die Umlenkung von sexueller *Triebenergie* in kulturell wertvolle und sozial anerkannte Verhaltensweisen. Beispiel: Ein Kind spielt gerne mit seinem Kot und wird von den Eltern daran gehindert. Als Reaktion auf dieses Verbot kann später eine zwanghafte Sauberkeit eintreten oder aber eine Vorliebe für das Malen sowie andere künstlerische Tätigkeiten entstehen. Neuere Überlegungen bestreiten nicht die Möglichkeit der S. als Abwehr unerwünschter *Motive*. Es ist jedoch nicht sicher, ob jede künstlerische Tätigkeit auf S. zurückzuführen ist, die ursprünglich einer anderen Richtung der menschlichen Triebhaftigkeit galt.

Sucht

Im weitesten Sinne ist S. die Bezeichnung für einen *zwanghaften* Drang, durch bestimmte Reize oder Reaktionen *Lustgefühle* oder -zustände herbeizuführen. Man spricht in der Regel nur dann von S., wenn der zwanghafte Drang über einen längeren Zeitraum besteht und nur schwer oder überhaupt nicht kontrolliert werden kann. S. engt den Verhaltensfreiraum ein, führt zur *Abhängigkeit* und wird häufig auch dann nicht aufgegeben, wenn schwerwiegende körperliche, seelische oder soziale Schäden auftreten (z. B. Spiel-, Genuß-, Eifer-, Geltungssucht).

Im engeren Sinne ist S. die Bezeichnung für ein krankhaftes Dauerbedürfnis nach Anregungs-, Genuß-, Rausch-, Schlaf- oder Betäubungsmitteln (z. B. Drogen, Alkohol, Tabak). Suchtgefahr liegt häufig bei labilen und willensschwachen Personen vor. Aber auch in Krisenzeiten und in Phasen allgemeiner Ratlosigkeit kann es zur S. kommen. Durch Gewöhnung kommt es bei anfänglich gelegentlichem Gebrauch von Suchtmitteln zu immer höheren Dosierungen und dadurch zur Abhängigkeit.

Suizid

Begriff aus dem Lateinischen, der mit Selbsttötung übersetzt wird. Der S. ist einerseits eine aktive und freie Handlung, gleichzeitig aber auch Ausdruck einer starken psychischen Krise. Beide Aspekte sind immer gemeinsam zu betrachten. Die Ursachen der Selbsttötung sind vielfältig. Dabei wird der typische S. vom typischen Suizidversuch unterschieden. Der vollzogene Selbstmord kommt am häufigsten vor bei älteren Menschen, körperlich Kranken sowie *depressiven* Persönlichkeiten. Den versuchten Selbstmord findet man häufig bei jüngeren Menschen in einer akuten *Konfliktsituation* (z. B. Schulprobleme, Liebeskummer).

Jeder Suizidversuch ist ein Alarmzeichen für eine gestörte Persönlichkeitsentwicklung und muß ernstgenommen werden. Der Selbstmörder sucht meist nicht den Tod, sondern einen Ausweg aus einer für ihn unerträglichen Situation. Häufig wird dabei eine Rettungsmöglichkeit offen gelassen, so daß die Handlung als ein Ruf nach Hilfe verstanden werden kann.

In Deutschland sterben jährlich ca. 15.000 Menschen durch Selbsttötung. Männer bevorzugen dabei die sog. harten Methoden (z. B. Erschießen), Frauen eher die sog. weichen Methoden (z. B. Überdosis Schlaftabletten). Eine Risikogruppe stellen die Jugendlichen im Alter von 10 bis 25 Jahren dar. Hier ist der S. die zweithäufigste Todesursache. In vielen Großstädten gibt es heutzutage Selbstmordverhütungszentren. Dazu gehören u. a. die Telefonseelsorge und *psychotherapeutische* ambulante Dienste. Diese Einrichtungen helfen in Krisensituationen, wenn der Gedanke an einen Selbstmord übermächtig zu werden droht.

Sündenbock

In der Alltagssprache bezeichnet man eine Person oder eine *Gruppe* immer dann als S., wenn sie das Opfer von *Aggressionen* geworden ist, ohne selbst einen Anlaß dazu gegeben zu haben. Die umstrittene S.-Theorie, die auf S. FREUDs unbewiesene Theorie der Aggressionsverschiebung zurückgeht, versucht die Entstehung von Vorurteilen zu erklären. Aggressionen in einer Gruppe, die durch *Frustrationen* entstanden sind, werden auf die Mitglieder einer Außengruppe verschoben, und zwar immer dann, wenn die Aggressionen gegen den eigentlichen Verursacher nicht möglich sind. Die Mitglieder der Außengruppe werden dann zu wehrlosen Sündenböcken gemacht, um den Zusammenhalt innerhalb der eigenen Gruppe zu sichern.

Symbiose

In der Biologie versteht man unter S. das Zusammenleben zweier verschiedener Organismusformen, die sich gegenseitig nützen oder unterstützen. Beispiel: Das Krokodil und der Vogel. Hierbei kann es zu einer wechselseitigen *Abhängigkeit* kommen, so daß der eine Organismus nicht ohne den anderen überleben kann.

In der *Psychoanalyse* bezeichnet man als S. einen Zustand der normalen *Entwicklungsphase* des Kindes, in der dieses von der Mutter körperlich und seelisch abhängig ist. Diese *psychische* Entwicklung findet in der *oralen Phase* statt, in der das Kind die Mutter noch als Teil seiner Person erlebt.

In menschlichen *Beziehungen* spricht man von S., wenn die *Abhängigkeit* einer der beiden Personen so groß ist, daß der Betroffene erhebliche Einschränkungen in selbständiger Lebensführung in Kauf nehmen muß. Bei der krankhaften S. ist die frühkindliche Abhängigkeit im Laufe der Entwicklung nicht abgebaut worden und besteht weiter. Häufig wird sie dabei auf andere *Bezugspersonen* als die Mutter übertragen.

Symbol

Bezeichnung für den Hinweis auf einen bestimmten Inhalt, der durch ein Zeichen repräsentativ dargestellt wird. Beispiele: Die Buchstaben WC (für engl. water closet) auf einem Bahnhof; das Hutabnehmen eines Mannes bei der Begrüßung einer anderen Person (als soziale Regel für Höflichkeit); das Kreuz für das Christentum (als religiöses Zeichen) usw. Symbolgehalte im Erleben und Handeln sind besonders von der *Psychoanalyse* untersucht worden. Beispiel: Ein abgewehrter sexueller Wunsch wird symbolisiert, indem er in ein körperliches Leiden umgewandelt wird (*Konversion*). Eine besonders große Rolle spielen S.e im Traum. Nach psychoanalytischer Auffassung entstellen harmlose Gegenstände, die Sexualorgane symbolisieren, die wahre Bedeutung des Traums.

Symptom

Bezeichnung für ein körperliches oder psychisches Zeichen, das einen veränderten Funktionszustand anzeigt. In der Medizin bezieht sich das S. in der Regel auf krankhafte Organveränderungen. Beispiel: Fieber kann ein S. für eine Entzündung sein. In der *Psychologie* vertritt man die Auffassung, daß ein S. unbewußte, aber nicht völlig *verdrängte* Wünsche und *Motive* anzeigt. Beispiel: Stottern eines Jugendlichen kann ein S. für unterdrückte aggressive Tendenzen den Eltern gegenüber sein.

Tabu

Ursprüngliche Bezeichnung für ein vor allem bei den Naturvölkern allgemein respektiertes Verbot, bestimmte Handlungen zu begehen. Beispiele: Heilige Räume (Stätten) dürfen nicht betreten werden; Namen von Göttern dürfen nicht ausgesprochen werden; Könige oder Herrscher dürfen nicht berührt werden; sexuelle Handlungen dürfen mit bestimmten Personen nicht vollzogen werden usw.

Den T.s liegt der Glaube zugrunde, daß eine Übertretung derselben der Gemeinschaft (dem Volk, einer Gruppe usw.) Schaden zufügen könne. Zuwiderhandlungen gegen Tabuvorschriften sind meist mit schweren Strafen (z. B. Verbannung, Tod usw.) belegt. Leichte Verstöße können durch komplizierte Reinigungszeremonien gesühnt werden. T.s beziehen sich immer auf die zentralen Werte einer Gesellschaft. Mit der Zeit werden sie meist zu Selbstverständlichkeiten. Als soziale T.s bezeichnet man von Sanktionen bedrohte Handlungen, Gedanken oder Wünsche, die gegen die Gruppennorm (bzw. kulturelle *Norm*) verstoßen.

S. FREUD erweiterte den Begriff und bezeichnet mit T. das Verbot von Handlungen, welche den *moralischen* Standards widersprechen. Beispiele: sexuelle Tabus, *Inzest* usw. Heute wird der Begriff allgemein für alle jene verbotenen Themen, Bereiche oder Dinge benutzt, über die man nicht spricht bzw. die man nicht tut, deren Verbot allerdings im allgemeinen weder rational legitimiert noch begründbar ist. Beispiel: Über Masturbation (Onanie) spricht man nicht in der Öffentlichkeit, weil es sich nicht gehört.

Test

Bezeichnung für ein wissenschaftliches Routineverfahren zur mengenmäßigen Erfassung von abgrenzbaren *Persönlichkeitsmerkmalen*. Beispiel: Messung der Intelligenz. Brauchbare T.s müssen bestimmte Anforderungen erfüllen. Die *Testgütekriterien* sind *Objektivität*, *Reliabilität* (Zuverlässigkeit) und *Validität* (Gültigkeit). Ein T. ist dann gültig (valide), wenn er wirklich das mißt, was er zu messen vorgibt. Beispiel: Ein T. soll Depression messen, mißt aber in Wirklichkeit Ängstlichkeit. Weiterhin ist ein T. dann zuverlässig (reliabel), wenn er das, was er mißt, genau mißt und auch bei Wiederholungen zu gleichen Meßergebnissen führt. Beispiel: Derselbe T. wird eine Woche später mit derselben Versuchsperson, aber einem anderem Versuchsleiter wiederholt.

T.s müssen standardisiert sein, d. h. sie enthalten eine Testanweisung, die vorschreibt, wie der T. vorgenommen und durchgeführt werden muß. Das gleiche gilt für die Auswertung des T.s; auch diese muß feste Regeln enthalten, so daß verschiedene Auswerter zum gleichen Ergebnis kommen können. Bei den T.s unterscheidet man zwischen:

1. *Intelligenztests:* Messen die allgemeine Intelligenz bzw. eine spezielle Begabung im Bereich der Intelligenz;
2. Leistungstests: Gemessen werden motorische, sensorische oder intellektuelle Leistungen, Sensomotorik, z. B. die Reaktionsschnelligkeit;
3. Persönlichkeitstests: Erfassen Eigenschaften, Einstellungen und Interessen eines Menschen, z. B. die Kontaktfreude.

Testgütekriterien

Bezeichnung für Gütekriterien für psychologische Tests. Nach LIENERT (1969) unterscheidet man:

1. Hauptgütekriterien. Dazu zählen die *Objektivität*, die *Reliabilität* und die *Validität*.
2. Nebengütekriterien. Dies sind die Ökonomie (Wirtschaftlichkeit), Nützlichkeit, Normierung und Vergleichbarkeit.

Weist ein Test diese Gütekriterien nicht auf, kann man im eigentlichen Sinne nicht von einem Test sprechen, da ihm die wissenschaftlich überprüften Grundlagen und notwendigen Kontrolluntersuchungen fehlen.

Therapie

Umfassende Bezeichnung für alle Formen der Behandlungen, die zur Behebung von *psychischen Störungen* und Krankheiten herangezogen werden. Die therapeutischen Maßnahmen orientieren sich dabei an dem aktuellen Zustandsbild, der Krankengeschichte (*Anamnese*), der *Diagnose* und einem Behandlungsplan. Die Anordnung medizinischer Therapiemaßnahmen (z. B. Medikamente, physikalisch-therapeutische Verfahren usw.) sind dabei dem Arzt vorbehalten. Die psychologischen Therapiemaßnahmen erstrecken sich über verschiedene Formen der *Psychotherapie* (z. B. *Psychoanalyse*, *Verhaltenstherapie*, *Gesprächspsychotherapie* usw.), die von einem dafür ausgebildeten Diplompsychologen ausgeübt werden.

Tiefenpsychologie

Sammelbezeichnung für alle *psychologischen* und *psychotherapeutischen* Theorien, die die Bedeutung *unbewußter* Prozesse für das Seelenleben und

Verhalten eines Menschen annehmen. Beispiele: *Psychoanalyse, Individualpsychologie, Analytische Psychologie.*

Todestrieb

Bezeichnung für einen Begriff aus der *Psychoanalyse*, der von S. FREUD erstmals 1920 benutzt und dem *Lebenstrieb* gegenübergestellt wurde. Das Ziel des T.s ist die Auflösung bzw. Vernichtung des Lebens. Der T. tritt in Form von *Aggression* auf und ist entweder nach außen (z. B. Haß, Vernichtung) oder nach innen (z. B. Selbsthaß, Selbstvernichtung) gerichtet. T. und Lebenstrieb befinden sich normalerweise in einem Zustand der Verschmelzung (Fusion), ohne daß einer den anderen dominiert. Nur in krankhaften Zuständen zerfällt diese Einheit (z. B. bei den Selbstbestrafungstendenzen von *depressiven* Menschen). Der T. ist heute ein umstrittener Begriff der Psychoanalyse und wird von den meisten *tiefenpsychologischen* Richtungen abgelehnt.

Transfer

Allgemeine Bezeichnung für den Einfluß, den ein bereits erlerntes Material (1) auf das *Lernen* eines darauffolgenden Materials (2) hat. Von positivem T. spricht man, wenn der Einfluß des zuerst gelernten Materials (1) sich auf das noch zu lernende Material (2) förderlich auswirkt. Von negativem T. spricht man, wenn sich das zuerst Erlernte (1) beeinträchtigend auf das danach Erlernte (2) auswirkt. Der Transfereffekt ist am stärksten zwischen sehr ähnlichen Situationen. Er wird schwächer mit abfallender Ähnlichkeit. T. tritt meist dann ein, wenn die Aufgabensituation zwar neu ist, ihre Erledigung aber dieselben *Reaktionen* erfordert wie die Ursprungssituation. T. bleibt meist dann aus, wenn auf die bekannte Aufgabensituation mit neuen Reaktionen geantwortet werden muß. Neuere Forschungen haben ergeben, daß die Bedingungen für T. dort am günstigsten sind, wo beim Lernen Einsicht in Zusammenhänge und allgemeine Verfahrensweisen erworben werden.

Trauma

In der Medizin bezeichnet man als T. Körperverletzungen und damit verbundene Schädigungen. Beispiel: Schädeltrauma nach einem Unfall. In der *Psychologie* versteht man unter T. *psychische Störungen*, die durch emotionale Belastungen ausgelöst werden. Beispiel: die frühe Trennung des Kindes von der Mutter. Ein T. ist ein Erlebnis, auf welches ein Mensch nicht in angemessener Weise reagieren kann, das er nicht verarbeiten kann und das daher aus dem Bewußtsein *verdrängt* wird. Vom *Unbewußten* aus wirkt das T. auf den Menschen ein und bewirkt eine Störung des seelischen Gleichgewichts. Als Folge können psychische Veränderungen und/oder neurotische Erkrankungen auftreten. S. FREUD sah in frühkindlichen Traumen den Ursprung späterer *Neurosen*.

Traumdeutung

Die T. ist seit der Antike bekannt. Bereits damals gab es ausgearbeitete Bücher, die sich vor allem mit der Bedeutung der Trauminhalte für das zukünftige Schicksal des Träumers beschäftigten. Die wissenschaftliche T. beginnt im 19. Jahrhundert. Durch S. FREUDs Werk „Die Traumdeutung" (1900) erhielt sie ihre wichtigsten Anregungen. Die meisten Auffassungen von S. Freud haben sich bestätigt, viele von ihnen haben sich in der praktischen Arbeit der *Psychotherapie* bewährt.

Nach S. Freud ist der Traum immer eine Erfüllung vornehmlich sexueller *Triebwünsche*, die *verdrängt* wurden, weil sie unerlaubt bzw. verboten sind. Diese verbotenen Triebwünsche werden durch den Traum verschleiert. Die T. besteht hauptsächlich in der Entschleierung der im Trauminhalt verschlüsselten Triebwünsche. Die T. ist der einfachste Weg, um Zugang zum *Unbewußten* zu finden und nimmt daher einen großen Raum in der *psychoanalytischen* Therapie ein.

Trennungsangst

Bezeichnung für eine normale *Reaktion* eines Kindes auf die Trennung von seiner Mutter. Die T. äußert sich in Tränen, Erregung, Jammern usw. Die T. ist normalerweise als eine gesunde und emotionale Reaktion zu verstehen. Ferner ist sie abhängig vom Alter des Kindes. Von einer *neurotischen* Verhaltensstörung spricht man erst dann, wenn das Kind bei jeder noch so kurzen Trennung (z. B. wenige Minuten) mit T. reagiert.

Trieb

T.e sind angeboren und in der Regel darauf gerichtet, ein primäres (angeborenes) oder sekundäres (erworbenes) *Bedürfnis* zu befriedigen. Vom zentralen Nervensystem (*ZNS*) geht eine Antriebsenergie aus, die zu spezifischen Verhaltensweisen führt. Der *Antrieb* löst ein Suchverhalten nach dem passenden Schlüsselreiz aus, der die Triebhandlung in Gang setzt. Diese läuft so lange ab und wird so oft wiederholt, bis der T. befriedigt ist. Nach der Triebbefriedigung lädt sich die Antriebsenergie wieder neu auf. Von Triebstau spricht man, wenn ein T. nicht sofort befriedigt werden kann. ROHRACHER unterscheidet zwischen Erhaltungstrieb, Gesellschaftstrieb, Genußtrieb und Kulturtrieb. Nach seinen Vorstellungen weisen T.e folgende Merkmale auf:

1. das Erleben eines Dranges, meist im Zusammenhang mit einer Zielvorstellung;
2. T.e treten ohne Mitwirkung des Bewußtseins auf, sie sind unabhängig von Wollen und Denken;
3. die Befriedigung des T.es verschafft *Lust*; bleibt der T. unbefriedigt, entsteht Unlust;

4. die Klarheit des *Denkens* und der *Wahrnehmung* kann unter der Wirkung des T.es herabgesetzt sein.

Die beiden ersten Punkte treffen auf alle T.e, die beiden letzten Punkte auf die meisten T.e zu.

In der *Verhaltensforschung* meint T. die wechselnde innere Bereitschaft zu bestimmten Instinkthandlungen. Die Abgrenzung gegen den Instinkt ist nicht eindeutig und wird z. B. von KRETSCHMER abgelehnt und von W. STERN betont. Die *Sozialpsychologie* erweitert den Begriff T. häufig bis zur völligen Gleichsetzung mit *Antrieb, Bedürfnis*, Interesse und zählt gleichzeitig eine Reihe von Einzeltrieben auf. Die Trieblehre von S. FREUD wurde von C.G. JUNG und A. ADLER weiterentwickelt und insofern erweitert, als daß alle Antriebe unter den Triebbegriff fallen.

Trotzalter

Unter Trotz versteht man allgemein das ablehnende Verhalten gegenüber Forderungen anderer Personen oder dem Wirken einer *Autorität*. Dabei äußert sich der Trotz in Form von unangemessener Emotionalität (z. B. durch Schreien, Aufstampfen, Wutausbrüche). Das T. ist nach C. BÜHLER eine Periode in der normalen Entwicklung eines Kindes. Die Zeit vom 3. bis 5. Lebensjahr wird als die erste Trotzphase, die Zeit vom 12. bis 15. Lebensjahr als die zweite Trotzphase bezeichnet. Der Trotz des Kindes ist dadurch gekennzeichnet, daß sich ein gegen die Erziehungspersonen gerichteter *Wille* entwickelt. Dieser äußert sich z. B. in Gehorsamsverweigerung, Negativismus, Nörgeleien, Wutausbrüchen usw. Das T. ist Ausdruck des bewußten Sich-Absetzens und Selbständig-Werdens. Neuere systematische Untersuchungen vertreten die Auffassung, daß Trotzreaktionen nicht erst mit 3 Jahren, sondern schon mit 1–2 Jahren auftreten können. Außerdem tauchen die Trotzreaktionen nicht bei jedem Kind auf, und der Zeitraum des Auftretens ist wiederum großen individuellen Schwankungen unterworfen.

Über-Ich

Begriff aus der *Psychoanalyse*, der neben dem *Ich* und dem Es als dritte Persönlichkeitsinstanz des psychischen Apparates des Menschen angenommen wird. Das Ü.-I. vertritt die *moralischen* Maßstäbe, Werte und Einstellungen in der Persönlichkeit, die aus der Familie und Gesellschaft übernommen wurden. Gegenüber dem Ich hat das Ü.-I. die Rolle des Richters, gegenüber dem Es wehrt es wie ein Zensor alle Triebregungen ab. Aus *Konflikten* zwischen dem Ü.-I., Ich und Es entstehen *Depressionen, Phobien, Neurosen* usw.

Übertragung

Allgemeine Bezeichnung für einen *unbewußten* Vorgang, Einstellungen, Gefühle und Erwartungen, die ein Mensch gegenüber früheren Bezugspersonen hatte (z. B. Eltern), auf andere Personen zu übertragen. In der *Psychoanalyse* gilt die Ü. als ein wichtiges Element im therapeutischen Prozeß. Frühkindliche Einstellungen zu Vater und Mutter (oder anderen Personen) werden auf den Psychoanalytiker *projiziert*. Daraus werden dann die Grundkonflikte ersichtlich, die der Klient mit seinen früheren Bezugspersonen erlebt hat. Diese werden in der *Analyse* aufgearbeitet. Am Ende der Behandlung muß die Ü. wieder aufgelöst werden.

Unbewußtes

In der Umgangssprache verwendet man diesen Begriff, um deutlich zu machen, daß ein Mensch in seinen Aktivitäten von *Motiven* geleitet wird, die ihm selbstreflektierend in seinem *Bewußtsein* nicht zugänglich sind. S. FREUD ging von drei Kategorien des Bewußtseins aus. Er unterschied:
1. das Unbewußte. Trotz willentlicher Anstrengung kann ein seelischer Inhalt zu einem gegebenen Zeitpunkt nicht bewußt gemacht werden;
2. das Vorbewußte. Dies sind seelische Inhalte, die momentan nicht im Bewußtsein sind, jedoch wieder bewußt gemacht werden können (z. B. der Name des Bekannten, den man auf der Straße trifft);
3. das Bewußte.
Nach S. Freud ist das Unbewußte ein System, das vor allem aus verdrängten, vom Bewußtsein nicht zugelassenen Inhalten besteht und das einer eigenen Gesetzmäßigkeit unterliegt. Das Unbewußte beinhaltet insbesondere die kindlichen Triebwünsche. Freud ersetzte dieses Seelenmodell später durch eine andere Theorie mit den Instanzen *Es, Ich* und *Über-Ich*. In diesem Modell ist das Unbewußte weitgehend identisch mit dem Es, wobei aber auch Bereiche des Über-Ichs und Ichs unbewußt sein können.

Urangst

Allgemeine Bezeichnung für die menschliche *Angst* um die körperliche oder seelische Gesundheit bzw. um das wirtschaftliche Auskommen (Existenz). Nach K. HORNEY (1937) versteht man unter U. das Gefühl der Einsamkeit und Hilflosigkeit gegenüber einer feindseligen Welt. Nach S. FREUD meint U. die erste erlebte Angst, die mit den Geburtsvorgängen zusammenhängt, d. h. die Trennung von der Mutter durch die Geburt (*Geburtstrauma*).

Urvertrauen

Nach ERIKSON (1950) erwirbt ein Kind in den ersten Lebensmonaten ein Grundgefühl, ob es den Menschen in seiner Umwelt vertrauen kann oder nicht. Ein ungünstiges soziales *Milieu*, eine unglückliche Ehe oder Scheidung der Eltern, Mangel an gefühlsmäßiger und sorgender *Zuwendung* sowie Mißhandlungen können das Ausbleiben des U.s zur Folge haben. Das U. sowie das Urmißtrauen bilden die Grundlage für alle späteren *Beziehungen* des

Menschen zu seiner sozialen Umwelt. Mangelhaft ausgeprägtes U. führt dazu, daß ein Mensch sich vor allen neuen Beziehungen scheut und sich auf keine seelische Nähe einlassen kann.

Validität

Bezeichnung für das wichtigste der sogenannten *Testgütekriterien*. Die V. gibt den Grad der Genauigkeit an, mit dem ein Testverfahren das mißt, was es messen soll (z. B. Persönlichkeitsmerkmale oder Verhaltensweisen). Die Überprüfung der Gültigkeit wird mithilfe der *Korrelation* mit einem Außenkriterium vorgenommen. Beispiel: Ein Test soll Depression messen. Diesen Test wendet man bei Personen an, die nachweislich eine Depression haben. Dann wird geprüft, wie genau diese Testergebnisse mit anderweitig ermittelten Bewertungen übereinstimmen (z. B. mit der Einschätzung von Psychotherapeuten).

Variable

Der Begriff stammt aus der Mathematik und ist eine allgemeine und umfassende Bezeichnung für eine veränderliche Größe, die durch ein *Symbol* gekennzeichnet ist (z. B. x). Die Konstrukte der *Differentiellen Psychologie* sind V.n, d. h. *Merkmale*, in denen sich Individuen unterscheiden. Beispiel: Intelligenz, Neurotizismus, Extraversion. In der Versuchsplanung unterscheidet man abhängige von unabhängigen V.n.

Verantwortungsreife

Bezeichnung für eine soziale *Reife* mit sittlichen, geistigen, gefühlsmäßigen und willentlichen Bestandteilen. Die Sozialreife setzt ein Hineinwachsen in die gesellschaftlichen *Normen*, Werte und Erwartungen voraus. V. ist gleichzeitig auch Rechtsreife (*Zurechnungsfähigkeit*).

Verdrängung

Bezeichnung für einen zentralen Begriff aus der *Psychoanalyse* und nach deren Auffassung der wichtigste *Abwehrmechanismus* des Menschen. Nach S. FREUD versteht man unter V. die unbewußte Unterdrückung eines *Triebbedürfnisses*. Triebwünsche, Vorstellungen oder Gedanken eines Menschen, die nicht befriedigt werden dürfen, werden aus dem *Bewußtsein* ins *Unbewußte* verdrängt und daran gehindert, wieder ins Bewußtsein zu treten. Die verdrängten Triebimpulse verlieren aber nicht ihre Energie, sondern kommen in Träumen, Fehlleistungen oder Krankheitssymptomen wieder zum Vorschein. Das Verdrängte kann die Lebensführung eines Menschen erheblich beeinträchtigen.

Beispiel: Lähmungserscheinungen ohne organischen Befund behindern den Menschen, seiner Arbeit nachzugehen. Die Psychoanalyse sieht ihre Aufgabe darin, verdrängte Inhalte wieder ins Bewußtsein zu rufen, damit sie dort verarbeitet werden können und Ersatzsymptome überflüssig machen.

Vererbung

Bezeichnung für die Gesamtheit aller körperlichen und geistig-intellektuellen Eigenschaften, die alle Eltern an ihre Nachkommen auf biologisch-direktem Weg weitergeben. Durch die Vereinigung von Ei- und Samenzelle des Elternpaares wird die V. im Kind *genetisch* festgelegt. Die in den *Chromosomen* enthaltenen *Gene* werden als Träger der vererbten Eigenschaften angenommen. Die genaue Erforschung der V. wird durch den Umstand erschwert, daß sämtliche Eigenschaften durch Einwirkungen der Umwelt Veränderungen unterworfen sind, welche sich wiederum weitgehend der Kontrolle entziehen. Klärung über das Verhältnis von V. und Umwelteinfluß bringt die *Zwillingsforschung*.

Verhalten

Allgemeine und umfassende Bezeichnung für alle *Aktivitäten*, Vorgänge und körperlichen *Reaktionen*, die sich beobachten und messen lassen. Beispiel: physiologische Vorgänge wie Blutdruckveränderung, Veränderung des elektrischen Hautwiderstands usw.
Mit V. bezeichnet man ferner jede Handlung, die sich zwischen einem Organismus und seiner dinglichen, biologischen und sozialen Umwelt abspielt. V. umfaßt dabei neben den bloßen *Reaktionen* auf *Reize* auch die Gesamtheit aller Körperbewegungen, Körperhaltungen und Ausdrucksverhalten eines lebenden Organismus in seiner Umwelt. Nach neuerem Verständnis werden heute auch innere Erlebnisprozesse wie z.B. das *Denken* und Wollen (*Wille*) als V. bezeichnet.

Verhaltensforschung

Die V. ist ein Forschungsbereich der Biologie und wurde von Konrad LORENZ begründet. Die V. befaßt sich mit dem *objektiv* beobachtbaren *Verhalten* von Tieren. Dazu gehören die stammesgeschichtlich erworbenen (*Phylogenese*) und vererbten Mechanismen der *Anpassung* und deren *physiologische* Grundlagen. Die V. erforscht die Auseinandersetzung der Tiere mit der Umwelt und den Artgenossen. Mithilfe der gewonnenen Einsichten über das tierische Verhalten versucht man, das menschliche Verhalten zu erklären.
In der allgemeinen V. werden insbesondere die stofflichen Grundlagen des Verhaltens untersucht. Beispiel: Sinnesorgane, Nervenzellen usw. In der speziellen V. wird ein bestimmtes Verhalten der Tiere erforscht. Beispiel: Brutpflege, Nestbau, Nahrungssuche usw. Unter Humanethologie versteht man das Teilgebiet der vergleichenden V., das sich mit dem Menschen und dessen angeborenen Verhaltensmustern sowie deren Wirkungen beschäftigt.

Verhaltenstherapie

Bezeichnung für eine Form der *Psychotherapie*, die um 1950 von H.J. EYSENCK und Mitarbeitern am Maudsley-Hospital (London) entwickelt wurde. Die V. entstand auf den Grundlagen und Erkenntnissen der Lerntheorie und umfaßt eine Reihe verschiedener Techniken, die jedoch alle den gleichen Hintergrund haben: Die Zentrierung auf das *Symptom*, das verändert werden soll. Die V. geht davon aus, daß psychische Störungen, z. B. *Neurosen*, fehlerhaft vollzogene *Anpassungsleistungen* des Menschen sind. Unangepaßtes Verhalten wiederum ist gelernt, so daß die Ursache des Symptoms bei der Behandlung keine Rolle spielt. Vielmehr geht es der V. darum, durch gezielte Lernhilfen die vorhandene Störung abzubauen. Diese Symptombehandlung erfolgt durch Neulernen, Umlernen oder Verlernen.

Die V. umfaßt verschiedene Verfahren, die je nach Symptom eingesetzt werden: Desensibilisierung, Aversionstherapie, Token-Verstärkungssystem, Selbstsicherheitstraining, Reizüberflutung, Gedankenstop usw. Anwendungsbereiche der V. sind u.a.: *Angstzustände, Zwangsvorstellungen, Phobien*, Sprachstörungen, Bettnässen.

Verleugnung

Begriff, der von S. FREUD eingeführt wurde und der zu den *Abwehrmechanismen* des Menschen gezählt wird. Bei einer V. werden objektive Sinneseindrücke als unwahr hingestellt, wenn sie *traumatisierend* auf den Menschen wirken würden. Bestimmte unangenehme Gefühle wie Unsicherheit, *Minderwertigkeit* usw. werden vor dem eigenen *Ich* und der Umgebung geleugnet. Die Leugnung der Realität ist weiterhin ein wichtiger Mechanismus, der insbesondere bei *Psychose, Manie, Depression* sowie *Schizophrenie* auftritt.

Vermeidung

Unter V. versteht man in der Lernpsychologie das Meiden von negativen, z. B. angstauslösenden *Reizen*. Beispiel: Eine Person, die *Angst* in Fahrstühlen entwickelt, benutzt keine Aufzüge. In der *Psychoanalyse* zählt die V. zu den *Abwehrmechanismen*, die eine Person bewußt oder unbewußt wählt, um einer Situation aus dem Weg zu gehen.

Verstärkung

Bezeichnung für eine erhöhte *Motivation* oder Handlungsbereitschaft, Erfolgserlebnisse zu wiederholen oder Mißerfolgen auszuweichen. Bei einem Erfolgserlebnis oder einer Belohnung (positive V.) besteht die Wahrscheinlichkeit, die Handlung zu wiederholen, die zum Erfolg geführt hat. Beispiel: *Belohnung* für eine ausgeführte Handlung in Form einer Futterpille für ein Tier in einem Versuchskäfig. Bei Mißerfolg oder *Bestrafung* (negative V.) entsteht keine Bereitschaft, diese Handlung zu wiederholen. Beispiel: Bestrafung für eine ausgeführte Handlung in Form eines elektrischen Schlags für ein Tier in einem Versuchskäfig. Als Verstärker gelten Reize bzw. Ereignisse, die der *Befriedigung* eines *Bedürfnisses* dienen. Bei Tieren im Tierversuch sind das z. B. Futtergaben bei Hunger oder Fortfall einer Schmerzquelle. Beim Menschen sind es u. a. auch alle Arten und Formen der Belohnung, der *Zuwendung* oder des Zuspruchs.

Versuch und Irrtum (trial and error)

Begriff zur Erklärung von Lernvorgängen. Beim *Lernen durch V. u. I.* läßt sich beobachten, daß die Versuchsperson (Vp) oder das Versuchstier zur Lösung eines Problems noch keinen schematischen Ansatz entwickelt hat und daher verschiedene *Verhaltensweisen* ausprobiert. Beispiel: In einem Labyrinth muß eine Ratte den Weg zum Futter suchen. Nach mehr oder minder zahlreichen Versuchen hat sie endlich Erfolg und den Futternapf gefunden. Je öfter das gleiche Experiment wiederholt wird, desto mehr nimmt die Zahl der vergeblichen Versuche, das Futter zu finden, ab. Oft gelingt das richtige Verhalten sehr rasch. Das Lernen erfolgt hier durch das Gesetz der Wirkung (*Effekt-Gesetz*), das besagt, daß der erfolgreiche Ausgang eines bestimmten Vorgehens sich rückwirkend günstig auf das Merken dieses Vorgehens auswirkt.

Vorbild

Bezeichnung für ein konkretes Bild, das an eine bestimmte lebende (oder historische) Person gebunden ist. Das V. ist besonders Jugendlichen in ihrer Verhaltensorientierung behilflich. Auf der Suche nach dem *Ideal-Ich* sowie der eigenen Identität kann ein V. als unterstützend und hilfreich zur Selbstfindung erlebt werden.

Wahrnehmung

Bezeichnung für die Funktion, die es dem Organismus mithilfe seiner Sinnesorgane ermöglicht, Informationen aus der Innen- und Außenwelt aufzunehmen und zu verarbeiten. Die W. steht dabei unter dem Einfluß von Gedächtnisinhalten, Stimmungen, Gefühlen, Erwartungen und Denkprozessen. Nach ROHRACHER (1971) ist W. eine komplexe, aus Sinnesempfindungen und Erfahrungskomponenten bestehende psychische Erscheinung, deren Inhalt im Raum lokalisiert wird und dadurch zur Auffassung von Gegenständen der Außenwelt führt.

Wechselwirkung

In der Soziologie versteht man unter W. wechselseitige *Handlungen* in zwischenmenschlichen Beziehungen. Beispiel: Zwei Personen können sich durch *Kommunikation* gegenseitig beeinflussen. In der Biologie versteht man unter W. die wechselseitige Beeinflussung verschiedener Teilsysteme. Beispiel: Das Nervensystem beeinflußt das *Hormonsystem* und umgekehrt.

In der *Statistik* meint W. den gemeinsamen Effekt, den unabhängige *Variablen* über ihre Einzeleffekte hinaus auf eine abhängige Variable haben. Im *psychophysischen* Sinn spricht man vom Leib-Seele-Problem, d. h. der W. zwischen Körper und *Psyche*.

Widerstand

Allgemeine Bezeichnung für die Tendenz einer Person, Vorschläge, Anordnungen oder empfohlene Handlungen, die von anderen Personen gemacht werden, zu verweigern. In der *Psychoanalyse* wurde dieser Begriff von S. FREUD eingeführt. Hier versteht man unter W. die meist *unbewußte* Weigerung des Analysanden, sich bestimmte psychische Inhalte (z. B. *verdrängte* Wünsche) während der *Psychotherapie* bewußt zu machen. Damit verbunden ist die Weigerung, sich mit der *psychischen Störung* auseinanderzusetzen.

Der unbewußte W. kann sich z. B. äußern in Form von Kritik am Therapeuten, beharrlichem Schweigen in der Therapiestunde oder Vergessen der Therapiestunde. Das unbewußte Ziel des W.es ist die Verhinderung der *Analyse* von schwerwiegenden seelischen Inhalten, durch die das labile Gleichgewicht in Form von *neurotischen Symptomen* aufrechterhalten wird. Nach S. Freud ist die Analyse des W.es, neben der Übertragung, elementarer Bestandteil der psychoanalytischen Behandlung.

Wiederholungszwang

Allgemeine Bezeichnung für die Form eines Zwanges, Verhaltensweisen, Gewohnheiten und Denkfolgen immer wiederholen zu müssen. Nach S. FREUD versteht man unter einem W. die Tendenz eines Menschen, schmerzhafte und *traumatische* Erfahrungen zu wiederholen. Dabei werden die gleichen unangenehmen Situationen aktiv herbeigeführt und wiedererlebt, ohne daß sich der Betroffene an die ursprüngliche Situation erinnert. Die gleichen angsterregenden Situationen können sich aber auch in verkleideter oder *symbolischer* Form wiederholen (z. B. im Traum). Der W. erzwingt die Wiederholung eines Traumas, durch den der Mensch alte, belastende Erfahrungen wiederholt. Nach S. Freud ist der W. stärker als das Lustprinzip und wird vom *Todestrieb* gesteuert.

Wille

Bezeichnung für die menschliche Fähigkeit, sich bewußt für (oder gegen) ein *Verhalten* zu entscheiden, um ein bestimmtes Ziel anzustreben. Im Gegensatz zur *Triebhandlung* unterscheidet sich die Willenshandlung darin, daß sie bewußt und zielgerichtet, d. h. absichtlich, geschieht. Ein Mensch mit starkem W.n ist derjenige, der seine eigenen bzw. von der Gesellschaft hochgeschätzte Ziele verfolgt und sich dabei nicht vom Weg abbringen läßt. Ein Mensch mit einem schwachen W.n wird der genannt, der in den Tag hineinlebt und als ein Taugenichts gilt.

Zelle

Der Grundbaustein des menschlichen Körpers ist die einzelne lebende Z. Eine Z. besteht aus einer Zellmembran (Plasmamembran), die die Z. gegen ihre Umwelt abgrenzt. Das Innere der Z. besteht aus Zellflüssigkeit (Cytoplasma) und dem Zellkern (*Nucleus*). Cytoplasma und Nucleus werden als Zellinhalt (Protoplasma) zusammengefaßt. Das Protoplasma ist im wesentlichen aus fünf Bestandteilen zusammengesetzt: Wasser, gelösten Salzen, Eiweiß, Lipiden und Kohlenhydraten. Das Cytoplasma enthält eine Reihe von hochorganisierten Körperchen, die als Organellen bezeichnet werden. Organellen (z. B. Mitochondrien) haben wichtige Zellfunktionen (z. B. Energiegewinnung). Die Z. enthält eine begrenzte Zahl natürlicher Elemente, wobei sechs von ihnen mehr als 99% ihres Gewichts ausmachen: Kohlenstoff (c), Wasserstoff (H), Stickstoff (N), Sauerstoff (O), Phosphor (P) und Schwefel (S). Zwei dieser Elemente bilden die einfachste und am häufigsten vorkommende Verbindung der Zelle, das Wasser (H_2O), das etwa 70% des Zellgewichts ausmacht.

Zellteilung

Nach VIRCHOW geht jede Zelle aus einer Zelle hervor. Es gibt verschiedene Arten der Z.:

1. direkte Teilung (Amitose): hauptsächlich bei Pflanzen und Bakterien auftretende direkte Durchtrennung von Protoplasma und Zellkern (*Nucleus*), die durch eine Zwischenwand eingeleitet wird;
2. indirekte Teilung (Mitose): Teilungen z. B. eines befruchteten Eies; dieser Prozeß läuft in mehreren Phasen ab und beinhaltet die Übertragung des gesamten identischen *Chromosomensatzes* auf die Tochterzelle;
3. reduktive Teilung (Meiose): Teilung von z. B. Ei- und Samenzellen, wobei der Chromosomensatz auf die Hälfte reduziert wird.

ZNS

Abkürzung für Zentralnervensystem, auch zentrales Nervensystem genannt. Das Nervensystem besteht aus Gehirn und Rückenmark, dem ZNS, den cranialen und spinalen Nervenfasern sowie den peripheren Ganglien, die das periphere Nervensystem bilden. Die inneren Organe und Blutgefäße werden vom autonomen Nervensystem innerviert, dessen Fasern, Ganglien und Kerne teils innerhalb, teils außerhalb des ZNS und des peripheren Nervensystems verlaufen. Durch das periphere Nervensystem steht das ZNS mit den Organen in Verbindung. Die Funktion des Nervensystems, insbesondere des ZNS, beruht auf einem fortlaufenden Zusammenwirken einer Vielzahl von Nervenzellen in spezifischer Verteilung. Die einzelnen Neurone stehen in vielfältiger und wechselseitiger Verbindung miteinander. Sie bilden ein zusammenhängendes Netz, das der Einheit des Gesamtorganismus entspricht. Dem ZNS unterliegt die gesamte nervöse Steuerung der Aktivität des lebenden Organismus. Hier enden alle afferenten sensiblen Nervenbahnen, die Informationen über den Zustand der Umwelt von den Sinnesorganen erhalten. Im ZNS werden im Rahmen von *Reflexen, Reaktionen, Verhaltensweisen* und *Willensentscheidungen* diese Informationen verarbeitet und über die motorischen efferenten Nervenfasern an die motorischen Erfolgsorgane (und damit an die Umwelt) wieder abgegeben.

Zurechnungsfähigkeit

Begriff aus der juristischen Fachsprache, der die Schuldfähigkeit eines Menschen beschreibt: Das Gesetz verlangt, daß der Täter zur Tatzeit die Fähigkeit besitzt, das Unerlaubte seines Tuns zu erkennen, und daß er außerdem imstande ist, sein Handeln nach dieser Einsicht zu steuern (StGB). Nach dem deutschen Strafgesetz sind Personen nicht bzw. vermindert schuldfähig, wenn u. a. geistige oder psychische Störungen oder Trunkenheit vorliegen, ein bestimmtes Lebensalter noch nicht erreicht ist oder außergewöhnlich heftige *Affekte* zum Zeitpunkt der Tat vorliegen, die die Handlungssteuerung beeinträchtigen.

Zuwendung

Allgemeine und umfassende Bezeichnung für das Fundament für soziale *Beziehungen* und menschliche *Kommunikation* durch signalisiertes Interesse und Aufmerksamkeit. Z. ist in den meisten Theorien von der *Psychoanalyse* bis hin zur Soziologie die Basis für die Entwicklung von Vertrauen. Dies gilt insbesondere für die therapeutische Beziehung zwischen Therapeut und Klient. Seit den Forschungen zum sogenannten *Hospitalismus* gilt es als unbestritten, daß Kinder, insbesondere Kleinkinder, ein gewisses Maß an Z. für eine gesunde Entwicklung brauchen. Umstritten ist, ob Z. von einer konstanten *Bezugsperson* stammen muß.

Zwang

Allgemeine Bezeichnung für jeden äußeren Einfluß, der das *Handeln* und *Denken* eines Menschen gegen seinen *Willen* bestimmt oder beherrscht. In der *Psychologie* und *Psychiatrie* versteht man unter Zwangsstörungen das Leiden an beharrlichen Ritualen, die oft viele Stunden andauern und deren Sinnlosigkeit von den Betroffenen erkannt wird. Dabei unterscheidet man zwischen *Zwangsverhalten* (z. B. Waschzwang oder Kontrollzwang) und Zwangsgedanken (z. B. Zählzwang oder Grübelzwang). Trotz bewußter Bekämpfung treten die Zwänge immer wieder auf und können nicht verdrängt werden.

Zwänge treten als *Symptom* bei *Neurosen* und *Psychosen* auf, lassen sich häufig aber auch bei hirnorganischen Erkrankungen beobachten. Für die Entstehung von Zwängen werden Umwelteinflüsse (z. B. extreme Sauberkeitserziehung), willkürliche Bestrafungen, religiöse Erziehung (Sühne für Verbotenes leisten) oder *Konflikte* in der *analen* Phase angenommen. Bei der Behandlung von Zwangsstörungen gibt es keine spezifische medikamentöse Therapie. *Analytische* und unterstützende *Psychotherapie* kann manchmal erfolgreich sein.

Zwangsneurose

Bezeichnung für eine *psychische Störung*, bei der der Betroffene bestimmte Gedanken oder Handlungen zwanghaft immer wieder wiederholt. Beispiele: Waschzwang: Die körperliche Säuberung wird bis zum stundenlangen Waschen gesteigert; Kontrollzwang: Fenster- oder Türschlösser müssen immer wieder daraufhin überprüft werden, ob sie auch wirklich verschlossen sind. In schweren Fällen ist das Denken und Handeln so sehr von Zwangsgedanken und Zwangshandlungen beherrscht, daß auf lange Zeit keine Berufstätigkeit möglich ist.

Die Z. ist außer den Zwangssymptomen noch durch eine Reihe weiterer *Symptome* gekennzeichnet: übersteigerte Gewissenhaftigkeit, gesteigerte Schuldgefühle, schwere Entschlußunfähigkeit usw. Z.n treten häufig schon in der Kindheit auf und verschwinden nur in 15% der Fälle wieder. Nach S. FREUD ist die Z. für den Betroffenen eine ungewollte Kompromißlösung: Der *Trieb* darf und kann sich nicht offen äußern, bleibt jedoch verhaltenswirksam und führt so zu einer Ersatzbefriedigung. Die Triebenergie wird nicht mehr auf das eigentliche Objekt gerichtet, sondern es entwickelt sich ein scheinbar sinnloses Verhalten (z. B. Zählzwang). Beispiel: Darf die *Aggression* gegen einen autoritären Vater nicht ausgelebt werden, kann es zu Zwangshandlungen kommen (z. B. Waschzwang).

Zwillingsforschung

Die Z. wurde Ende des 19. Jahrhunderts von dem Engländer F. GALTON begründet. Galton untersuchte vor allem psychische Merkmale, da es ihm besonders auf den Nachweis der *Vererbung* von *Begabung* und *Charakter* ankam.

Die heutige Z. geht von der Unterscheidung zwischen eineiigen (EZ) und zweieiigen Zwillingen aus (ZZ). In diesem Forschungsgebiet wird untersucht, ob und wieweit Merkmalsunterschiede (psychisch, physisch) erbbedingt sind oder aber auf Umwelteinflüsse zurückzuführen sind. Dabei wird systematisch das Verhalten von EZ und ZZ in gleichartigen Situationen untersucht. EZ erweisen sich dabei als besonders ähnlich und erbgleich. ZZ sind sich weniger ähnlich und auch erbungleich.

Quellenangaben

- Die (hier gekürzte) Liste mit Definitionen von „Erziehung" (S. 6f) wurde zusammengestellt von Rudi Krawitz und veröffentlicht im „Online Didacticum" der Universität Koblenz, letzte Bearbeitung am 16. März 1998.

- Der Text „Sie heißt Charlotte..." (S. 8) stammt aus dem Kölner „Express" vom 8. Mai 1998.

- Die Thesen zur „Moral" (S. 10f) stammen aus: Kurt Müller: Psychologie II. Telekolleg für Erzieher. TR-Verlagsunion, 3. Auflage München 1975, S. 127f.

- „Annes gesammelte Fragen an sich selbst" (S. 16f) sind übernommen aus: Ingo Scheller: Wir machen unsere Inszenierungen selber (I). Universität Oldenburg, Zentrum für pädagogische Berufspraxis 1993, S. 49f.

Stichwörter

Abhängigkeit	Entwicklung und Sozialisation	20
Ablösung	Entwicklung und Sozialisation	20
Abwehrmechanismus	Psychoanalyse	20
Adoleszenz	Entwicklung und Sozialisation	21
Affekt	Lernen und Verhalten	21
Aggression	Lernen und Verhalten	21
Agoraphobie	Psychoanalyse	21
Aktivität	Lernen und Verhalten	22
Akzeleration	Entwicklung und Sozialisation	22
Alter	Entwicklung und Sozialisation	22
Altruismus	Lernen und Verhalten	22
Ambivalenz	Entwicklung und Sozialisation	23
anale Phase	Psychoanalyse	23
Analyse	Pädagogische, psychologische Theorien	23
Analytische Psychologie	Pädagogische, psychologische Theorien	24
Anamnese	Pädagogische, psychologische Theorien	24
Angst	Psychoanalyse	24
Anlage und Umwelt	Anlage und Umwelt	25
Anorexia nervosa	Entwicklung und Sozialisation	25
Anpassung	Lernen und Verhalten	26
Antrieb	Lernen und Verhalten	26
Autismus	Lernen und Verhalten	26
Autonomie	Entwicklung und Sozialisation	26
Autorität	Lernen und Verhalten	27
Aversion	Lernen und Verhalten	27
Bedürfnis	Lernen und Verhalten	27
Begabung	Anlage und Umwelt	28
Behaviorismus	Lernen und Verhalten	28
Behinderung	Entwicklung und Sozialisation	29

Belohnung	Lernen und Verhalten	29
Beobachtung	Empirische Forschung	29
Beobachtungslernen	Lernen und Verhalten	29
Bestrafung	Entwicklung und Sozialisation	30
Bewußtsein	Psychoanalyse	30
Beziehung	Entwicklung und Sozialisation	30
Bezugsperson	Entwicklung und Sozialisation	31
Bildung	Entwicklung und Sozialisation	31
Bindung	Entwicklung und Sozialisation	31
Bulimie	Entwicklung und Sozialisation	32
Charakter	Entwicklung und Sozialisation	32
Chromosom	Anlage und Umwelt	32
Code	Anlage und Umwelt	33
Demenz	Psychoanalyse	33
Denken	Lernen und Verhalten	33
Depersonalisation	Psychoanalyse	34
Depression	Psychoanalyse	34
Deprivation	Entwicklung und Sozialisation	35
Desensibilisierung	Lernen und Verhalten	36
Devianz	Entwicklung und Sozialisation	36
Diagnose	Pädagogische, psychologische Theorien	36
Differentielle Psychologie	Pädagogische, psychologische Theorien	36
Differenzierung	Entwicklung und Sozialisation	37
Disposition	Anlage und Umwelt	37
DNS	Anlage und Umwelt	38
Dogma	Lernen und Verhalten	38
Down-Syndrom	Anlage und Umwelt	38

Effekt-Gesetz	Lernen und Verhalten	39
Elektra-Komplex	Psychoanalyse	39
Emotion	Lernen und Verhalten	39
Empirie	Empirische Forschung	39
Empirismus	Anlage und Umwelt	39
Enkulturation	Entwicklung und Sozialisation	40
Entwicklung	Entwicklung und Sozialisation	40
Entwicklungspsychologie	Pädagogische, psychologische Theorien	40
Entwicklungsstörung	Entwicklung und Sozialisation	41
Erfahrung	Lernen und Verhalten	41
Ersatzhandlungen	Psychoanalyse	41
Erziehung	Entwicklung und Sozialisation	42
Erziehungsstil	Entwicklung und Sozialisation	42
Es	Psychoanalyse	42
Eßstörungen	Entwicklung und Sozialisation	43
Evaluation	Empirische Forschung	43
Evolution	Anlage und Umwelt	43
Experiment	Empirische Forschung	44
Extraversion	Psychoanalyse	44
Familie	Entwicklung und Sozialisation	45
Familientherapie	Pädagogische, psychologische Theorien	46
Fixierung	Psychoanalyse	46
Fluchtverhalten	Lernen und Verhalten	46
Fremdbild	Psychoanalyse	46
Frustration	Lernen und Verhalten	47
Frustrations-Aggressions-Hypothese	Lernen und Verhalten	47
Furcht	Lernen und Verhalten	47
Geburtstrauma	Psychoanalyse	48
Gedächtnis	Lernen und Verhalten	48

Gefühl	Lernen und Verhalten	49
Gen	Anlage und Umwelt	50
Generalisation	Lernen und Verhalten	50
Generation	Entwicklung und Sozialisation	51
Generationskonflikt	Entwicklung und Sozialisation	51
Genetik	Anlage und Umwelt	51
genitale Phase	Psychoanalyse	51
Genotyp	Anlage und Umwelt	52
Geschlecht	Entwicklung und Sozialisation	52
Geschlechtsreife	Entwicklung und Sozialisation	52
Geschlechtsrolle	Entwicklung und Sozialisation	52
Geschlechtsunterschiede	Entwicklung und Sozialisation	53
Gesprächspsychotherapie	Pädagogische, psychologische Theorien	53
Gestaltpsychologie	Pädagogische, psychologische Theorien	54
Gestalttherapie	Pädagogische, psychologische Theorien	54
Gewissen	Entwicklung und Sozialisation	54
Gruppe	Lernen und Verhalten	55
Gruppendynamik	Empirische Forschung	55
Gruppentherapie	Pädagogische, psychologische Theorien	55
Halo-Effekt	Lernen und Verhalten	56
Handlung	Lernen und Verhalten	56
Helfersyndrom	Psychoanalyse	56
Hormone	Entwicklung und Sozialisation	57
Hospitalismus	Entwicklung und Sozialisation	57
Humanistische Psychologie	Pädagogische, psychologische Theorien	57
Hypothese	Empirische Forschung	58
Hysterie	Psychoanalyse	58
Ich	Psychoanalyse	58

Ideal	Entwicklung und Sozialisation	59
Identifikation	Entwicklung und Sozialisation	59
Imitation	Lernen und Verhalten	59
Individualpsychologie	Pädagogische, psychologische Theorien	59
Individuum	Entwicklung und Sozialisation	60
Intelligenz	Anlage und Umwelt	60
Intelligenzalter	Anlage und Umwelt	61
Intelligenzquotient	Anlage und Umwelt	61
Interaktion	Lernen und Verhalten	61
Internalisierung	Entwicklung und Sozialisation	61
Interview	Empirische Forschung	62
Introjektion	Psychoanalyse	63
Introversion	Psychoanalyse	63
Inzest	Entwicklung und Sozialisation	63
Isolation	Entwicklung und Sozialisation	63
Kanalisierung	Entwicklung und Sozialisation	64
Kastrationsangst	Psychoanalyse	64
Katatonie	Psychoanalyse	64
Kindchenschema	Lernen und Verhalten	65
Klaustrophobie	Psychoanalyse	65
Kleptomanie	Psychoanalyse	65
Klinische Psychologie	Pädagogische, psychologische Theorien	66
Kognition	Lernen und Verhalten	66
kollektives Unbewußtes	Psychoanalyse	66
Kommunikation	Lernen und Verhalten	67
Kompensation	Psychoanalyse	67
Komplex	Psychoanalyse	68
Konditionierung	Lernen und Verhalten	68
Konflikt	Psychoanalyse	68
Konformität	Lernen und Verhalten	69

Konversion	Psychoanalyse	69
Korrelation	Empirische Forschung	70
Kreativität	Lernen und Verhalten	70
Kultur	Anlage und Umwelt	71
Längsschnittuntersuchung	Empirische Forschung	71
Latenzperiode	Psychoanalyse	71
Lebenstrieb	Psychoanalyse	71
Legasthenie	Entwicklung und Sozialisation	71
Leistung	Lernen und Verhalten	72
Lernen	Lernen und Verhalten	72
Lernen durch Einsicht	Lernen und Verhalten	73
Lernen durch Versuch und Irrtum	Lernen und Verhalten	73
Libido	Psychoanalyse	73
Löschung	Lernen und Verhalten	74
Lust	Psychoanalyse	74
Macht	Lernen und Verhalten	74
Manie	Psychoanalyse	74
Masochismus	Psychoanalyse	75
Membran	Anlage und Umwelt	75
Menarche	Entwicklung und Sozialisation	75
Merkmal	Empirische Forschung	75
Metakommunikation	Lernen und Verhalten	76
Milgram-Experimente	Pädagogische, psychologische Theorien	76
Milieu	Anlage und Umwelt	76
Minderwertigkeitsgefühl	Psychoanalyse	76
Moral	Entwicklung und Sozialisation	77
Motiv	Lernen und Verhalten	77
Motivation	Lernen und Verhalten	77
Motorik	Lernen und Verhalten	78
Mutation	Anlage und Umwelt	78

Mutismus	Psychoanalyse	78
Narzißmus	Psychoanalyse	79
Nativismus	Anlage und Umwelt	79
Neuroleptika	Psychoanalyse	79
Neurologie	Pädagogische, psychologische Theorien	79
Neuron	Anlage und Umwelt	80
Neurose	Psychoanalyse	80
Norm	Entwicklung und Sozialisation	81
Normalverteilung	Empirische Forschung	81
Nucleus	Anlage und Umwelt	82
Objektivität	Empirische Forschung	82
Ödipus-Komplex	Psychoanalyse	82
Ontogenese	Anlage und Umwelt	83
Operationalisierung	Empirische Forschung	83
orale Phase	Psychoanalyse	83
Pädagogik	Pädagogische, psychologische Theorien	84
Paranoia	Psychoanalyse	84
Peer-group	Entwicklung und Sozialisation	84
Persönlichkeit	Entwicklung und Sozialisation	84
phallische Phase	Psychoanalyse	85
Phänotyp	Anlage und Umwelt	85
Phobie	Psychoanalyse	85
Phylogenese	Anlage und Umwelt	86
Physiologie	Pädagogische, psychologische Theorien	86
Prägung	Lernen und Verhalten	86
Prävention	Psychoanalyse	87
Problemlösen	Lernen und Verhalten	87
Prognose	Empirische Forschung	87
Projektion	Psychoanalyse	87

projektive Tests	Pädagogische, psychologische Theorien	88
Psyche	Psychoanalyse	88
Psychiatrie	Pädagogische, psychologische Theorien	89
psychische Störung	Psychoanalyse	89
Psychoanalyse	Psychoanalyse	90
Psychodrama	Pädagogische, psychologische Theorien	91
Psychologie	Pädagogische, psychologische Theorien	91
Psychomotorik	Psychoanalyse	92
Psychopharmaka	Psychoanalyse	92
Psychophysiologie	Pädagogische, psychologische Theorien	92
Psychose	Psychoanalyse	92
Psychotherapie	Pädagogische, psychologische Theorien	93
Pubertät	Entwicklung und Sozialisation	93
Querschnittsuntersuchung	Empirische Forschung	94
Rationalisierung	Psychoanalyse	94
Reaktion	Lernen und Verhalten	94
Reaktionsbildung	Psychoanalyse	95
Reflex	Lernen und Verhalten	95
Reflexion	Lernen und Verhalten	95
Regression	Psychoanalyse	96
Rehabilitation	Lernen und Verhalten	96
Reife	Entwicklung und Sozialisation	97
Reiz	Lernen und Verhalten	97
Reliabilität	Empirische Forschung	97
Reproduktion	Lernen und Verhalten	97
Retardierung	Entwicklung und Sozialisation	98
Rolle	Lernen und Verhalten	98
Rollenspiel	Entwicklung und Sozialisation	98
Sadismus	Psychoanalyse	99

Sceno-Test	Psychoanalyse	99
Schizophrenie	Psychoanalyse	99
Schulreife	Entwicklung und Sozialisation	100
Sekundäre soziale Fixierung	Entwicklung und Sozialisation	101
Selbstbild	Psychoanalyse	101
Selbstwertgefühl	Entwicklung und Sozialisation	101
self-fulfilling prophecy	Lernen und Verhalten	102
Sensomotorik	Lernen und Verhalten	102
Sexualität	Lernen und Verhalten	102
Signifikanz	Empirische Forschung	103
Skinner-box	Lernen und Verhalten	103
Soziabilisierung	Entwicklung und Sozialisation	103
soziale Erwünschtheit	Empirische Forschung	103
Sozialisation	Entwicklung und Sozialisation	104
Sozialpsychologie	Pädagogische, psychologische Theorien	104
Soziogramm	Empirische Forschung	104
Soziometrie	Empirische Forschung	105
Spiel	Entwicklung und Sozialisation	105
Spieltherapie	Psychoanalyse	106
Statistik	Empirische Forschung	106
Status	Lernen und Verhalten	106
Stichprobe	Empirische Forschung	107
Stigma	Psychoanalyse	107
Stigmatisierung	Psychoanalyse	107
Stoffwechsel	Anlage und Umwelt	108
Stupor	Psychoanalyse	108
Subjektivität	Lernen und Verhalten	108
Sublimierung	Psychoanalyse	108
Sucht	Lernen und Verhalten	109
Suizid	Psychoanalyse	109

Sündenbock	Psychoanalyse	110
Symbiose	Entwicklung und Sozialisation	110
Symbol	Psychoanalyse	110
Symptom	Pädagogische, psychologische Theorien	111
Tabu	Psychoanalyse	111
Test	Empirische Forschung	111
Testgütekriterien	Empirische Forschung	112
Therapie	Pädagogische, psychologische Theorien	112
Tiefenpsychologie	Pädagogische, psychologische Theorien	112
Todestrieb	Psychoanalyse	113
Transfer	Lernen und Verhalten	113
Trauma	Psychoanalyse	113
Traumdeutung	Pädagogische, psychologische Theorien	114
Trennungsangst	Entwicklung und Sozialisation	114
Trieb	Psychoanalyse	114
Trotzalter	Entwicklung und Sozialisation	115
Über-Ich	Psychoanalyse	115
Übertragung	Psychoanalyse	115
Unbewußtes	Psychoanalyse	116
Urangst	Psychoanalyse	116
Urvertrauen	Entwicklung und Sozialisation	116
Validität	Empirische Forschung	117
Variable	Empirische Forschung	117
Verantwortungsreife	Entwicklung und Sozialisation	117
Verdrängung	Psychoanalyse	117
Vererbung	Anlage und Umwelt	118
Verhalten	Lernen und Verhalten	118
Verhaltensforschung	Pädagogische, psychologische Theorien	118
Verhaltenstherapie	Pädagogische, psychologische Theorien	119
Verleugnung	Psychoanalyse	119
Vermeidung	Psychoanalyse	119

Verstärkung	Lernen und Verhalten	119
Versuch und Irrtum	Lernen und Verhalten	120
Vorbild	Entwicklung und Sozialisation	120
Wahrnehmung	Lernen und Verhalten	120
Wechselwirkung	Anlage und Umwelt	120
Widerstand	Psychoanalyse	121
Wiederholungszwang	Psychoanalyse	121
Wille	Lernen und Verhalten	121
Zelle	Anlage und Umwelt	122
Zellteilung	Anlage und Umwelt	122
ZNS	Lernen und Verhalten	122
Zurechnungsfähigkeit	Entwicklung und Sozialisation	123
Zuwendung	Entwicklung und Sozialisation	123
Zwang	Psychoanalyse	123
Zwangsneurose	Psychoanalyse	124
Zwillingsforschung	Anlage und Umwelt	124